Drukpa Rinpoche, ein enger Vertrauter des Dalai Lama, hat in diesem Buch circa 500 Lebensweisheiten in aphoristischer Form versammelt. Der tibetische Meditationsmeister spricht über Themen wie Erfolg, Glück, Freundschaft, Liebe, Kindlichkeit, Krankheit und Tod, Meditation oder Selbstvertrauen. Er schöpft dabei aus spiritueller Erfahrung, guter Menschenkenntnis, tiefem Mitgefühl und großer Menschlichkeit. Aufgrund seiner tiefen Einsicht überschreitet er alle Abgrenzungen von Kultur und Nationalität. Der Meditationsmeister reiste im Westen, kannte also das Leben in den modernen Großstädten und war in der Lage, mit einer über alle individuellen Glaubensvorstellungen und Illusionen hinausführenden Weisheit den Kern der Conditio humana zu erfassen. Mit seiner klaren und gleichzeitig poetischen Sprache wendet sich Drukpa Rinpoche an all diejenigen, die hin und wieder über die großen Themen des Lebens nachdenken und die in unserer modernen chaotischen Welt nach Inspiration, Führung und Trost suchen.

Drukpa Rinpoche war einer der großen tibetischen Meister der Neuzeit. Der enge Vertraute des Dalai Lama folgte diesem 1959 ins Exil nach Nordindien und lehrte danach in Dharamsala. In den 70er Jahren ließ er sich im Nagarkot-Kloster in Nepal nieder, wo er bis zu seinem Tod 1989 Besucher aus aller Welt empfing und ihnen Antworten auf ihre Fragen gab.

Drukpa Rinpoche
Tibetische Weisheiten

Herausgegeben von
Jean-Paul Bourre

Aus dem Französischen
von Stephan Schuhmacher

Mit Fotos von Margret Uhrmeister
und Peter Hinreiner

Deutscher Taschenbuch Verlag

Deutsche Erstausgabe
Juni 1999
5. Auflage Februar 2002
Deutscher Taschenbuch Verlag GmbH & Co. KG,
München
www.dtv.de

ISBN 2-911217-09-8
Titel der französischen Originalausgabe:
Préceptes de Vie
Deutschsprachige Ausgabe:
© 1999 Deutscher Taschenbuch Verlag GmbH & Co. KG,
München
Umschlagkonzept: Balk & Brumshagen
Umschlaggestaltung: ARTPOOL, München
Umschlagfoto: © LOOK/Bavaria Bildagentur
Satz: KCS GmbH, Buchholz/Hamburg
Gesetzt aus der Goudy Old Style 10,5/12,5˙
Druck und Bindung: Druckerei C. H. Beck, Nördlingen
Gedruckt auf säurefreiem, chlorfrei gebleichtem Papier
Printed in Germany · ISBN 3-423-36143-3

Inhalt

Vorwort

Ich lernte Drukpa Rinpoche im November 1985 auf meinem Weg zur tibetischen Grenze im buddhistischen Kloster Nagarkot in Nepal kennen. Bereits in Dulhikel hatte mir ein amerikanischer Buddhist von dem Rinpoche und seiner befreienden Sicht vorgeschwärmt, von der er behauptete, sie sei »vollkommen unserer modernen Welt angemessen«. Er beschrieb die brillante Schlagfertigkeit des Meisters, seine präzisen Antworten auf jegliche Fragen, die stets genau ins Schwarze trafen und jede Illusion entlarvten sowie das Problem auflösten. Die vielen tibetischen Flüchtlinge in Dulhikel sahen Drukpa Rinpoche als einen Menschen an, der Wunder wirken konnte. Mein Gesprächspartner erzählte mir, Drukpa Rinpoche sei dem Dalai Lama bei seiner Flucht vor den chinesischen Besatzern ins Exil gefolgt; dann habe er Dharamsala (in Nordindien, wo der Dalai Lama seitdem lebt; Anm. d. Übers.) jedoch verlassen, um sich im Hochland von Nagarkot niederzulassen, das ihn an Tibet erinnerte.

Vor uns die Gebirgsketten des Himālaya, das »Dach der Welt«, mit seinen schneebedeckten Gipfeln; weiter unten im Tal die tibetischen Stūpas, die nepalesischen Dörfer und die terrassierten Reisfelder – in dieser Umgebung, die sich seit Urzeiten nicht verändert zu haben schien, sollte ich Drukpa Rinpoche, dem »Meister des Aphorismus«, begegnen.

Im Dorf dreschen die Frauen das Getreide noch mit dem Flegel, die Häuser werden aus Holz und Strohlehm errichtet. Die schwarzen Büffel trotten die abschüssigen Straßen hinab wie schon seit Jahrhunderten. Die Landschaft erscheint unwandelbar, nichts hat sich hier verändert. Hinter den letzten Häusern tut sich eine in ihrer offenen Weite überwältigende Landschaft auf mit drei legendären schneegekrönten Gipfeln, die zum Greifen nahe scheinen: dem Annapurna, dem Melung Tse und dem Everest-Massiv.

Nagarkot, auf einer Höhe von dreitausend Metern gelegen, ist eine Ansammlung von Hütten, die Zufluchtsorte für Trekking-Anhänger geworden sind. An der Tür einer dieser Hütten eine Inschrift in roter Farbe: »End of the Universe«. Die Hütte ist eine an den Berghang gedrückte Einsiedelei. Ein über der Tür angebrachter eiserner Dreizack, der aufragt wie ein Blitzableiter, zeigt an, daß wir uns hier unter dem Schutz des Gottes Shiva befinden. Vor uns öffnet sich eine kleine Felsplattform, die in die Leere hinausragt. Tief unten der in den Tälern wabernde Nebel und daraus aufsteigend die schneeweißen Bergmassive, die bis nach Tibet hineinrollen. Das Ende des Universums. Das Kloster wurde am gegenüberliegenden Berghang erbaut. Hier empfing Drukpa Rinpoche seine Besucher, Lamas aus dem Norden Nepals oder aus Dharamsala.

Ich habe zwei Jahre in dieser schwindelerregenden Landschaft verbracht, zwischen meiner Studierklause und den Zeremonien im buddhistischen Kloster. Das tibetische Kloster hatte nichts Besonderes, abgesehen von seiner geographischen Lage auf diesen Schneebergen am Rande der Leere. Aber hier fand man Drukpa Rinpoche, seine Unterweisung und seine unvergeßliche Präsenz. Ich erinnere mich an die Aura des Schweigens und des Humors, die dieser Mönch ausstrahlte, an die Fältchen um seine lachenden Augen und die Ernsthaftigkeit, die plötzlich darin aufstrahlte. Seine bloße Gegenwart hatte etwas Erleuchtendes. Er repräsentierte die Weisheit des Altertums, von vielen tausend Jahren, und er vermittelte sie den Frauen und Männern seines Zeitalters. Er hatte sich dafür entschieden, auf die Probleme und Ängste der modernen Welt zu reagieren.

Dieser Meister des Vajrayāna, des »Diamantweges«, verlor sich nicht in lange Theorien über den Nutzen der Meditation, über die Technik der Visualisation. Auf jede Frage, die man ihm stellte, antwortete er augenblicklich mit einem Bild, das dem Problem und dem Fragenden vollkommen angemessen war. Seine Antworten enthüllten stets das Wesentliche, berührten das Herz, und es war, als zerrissen sie die Schleier der Dunkelheit. Jede seiner Antworten erweiterte das Bewußtsein; sie vermittelten eine neue, unmittelbare Sichtweise.

Drukpa Rinpoche gab sich nicht damit zufrieden, seine Unterweisungen mündlich zu verbreiten. Er schrieb seine Ratschläge mit Tinte auf weißes Papier und machte dann kleine Papierröllchen daraus, die an die traditionellen mit Gebeten beschriebenen Röllchen erinnerten. Er zeichnete die einzelnen Schriftzeichen mit der Sorgfalt eines Kalligraphen und meditierte über den Text, während er ihn aufschrieb.

Ich blieb bis zu seinem Tod im Jahre 1989 in Dharamsala in Verbindung mit Drukpa Rinpoche. Ich habe versucht, seine Ratschläge in eine westliche Sprache zu übertragen, ohne den ihnen eigenen erhellenden Geist zu verraten und so, daß ein jeder seine ganze Wirksamkeit behält.

Einen großen Teil dieser Übersetzungen habe ich im Nagarkot-Kloster ausgeführt, nicht weit entfernt vom »Land des Schnees«. Drukpa Rinpoche hatte die großen Metropolen kennengelernt, die Menschenmassen von London und Neu-Delhi, doch er hatte sich für die Einsamkeit der Berge entschieden, um Abstand zu gewinnen und seinen Blick zu schärfen. Von jenen Höhen Nagarkots antwortete er mit erstaunlicher Präzision auf die Probleme und Ängste unseres Zeitalters. Ganz ohne Zweifel erfüllte er die Gelübde eines Bodhisattvas, der auf die Glückseligkeit des endgültigen Verlöschens im Nirvāna verzichtet, um sich in den Dienst aller Lebewesen zu stellen und diesen auf dem Weg zur Befreiung beizustehen.

Die Methode Drukpa Rinpoches ist einfach und radikal. Er bietet den in den Schlaf ihrer Gewißheiten und Illusionen versunkenen Menschen den Pfad des Kriegers an. Es ist eine ganz unmittelbare Methode, auf die Ängste der modernen Welt zu antworten: die Visualisierung und das unmittelbare Begreifen des jeweiligen Ratschlags in dem Moment, da man ihn liest oder hört.

Diese Worte der Weisheit, die aus den Bergen Nepals, dem Exil in Dharamsala oder dem tibetischen Tsangpo-Tal zu uns gekommen sind, richten sich an Frauen und Männer unseres Zeitalters, die sich dem Scheitern nicht fügen mögen, sondern die ihr Leben voll ausschöpfen wollen.

Jean-Paul Bourre

Wie man diese Ratschläge benutzen sollte

Richte deine Aufmerksamkeit jeden Tag auf einen dieser Ratschläge, betrachte ihn, meditiere über seine Bedeutung, und schließlich wird er deinen Geist öffnen und dir sein Licht schenken. Die innere Wiederholung des Ratschlags und seine Visualisierung rufen eine tatsächliche Veränderung des Bewußtseins hervor.

D. R.

Erfolg

Der Erfolg ist jedem sicher, der ihn sich wirklich wünscht. Unterschätze niemals deine Träume! Du mußt einen Pakt mit ihnen schließen. Sie sind die Quelle einer unerschöpflichen Kraft, die dir erlaubt zu siegen. Hinter dem Hindernis öffnet sich eine ganz neue Freiheit, ein viel weiterer Horizont.

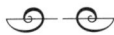

Das Hindernis ist die Spiegelung deines eigenen Zögerns, deiner Verwirrung. Benutze das Hindernis, um Klarheit über dich selbst zu gewinnen. Jede der Prüfungen deines Alltags ist eine Leuchte für deine Seele.

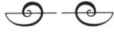

Stelle dich jeder Prüfung mit dem Verlangen, dich selbst kennenzulernen, dich zu verwirklichen. Der Erfolg kommt zu dem, der das Hindernis in ein Freudenfeuer verwandelt, der es als ein Sprungbrett benutzt, um an Begeisterung, an Liebe zu wachsen wie der Krieger Trungpa, der sein Siegeslied anstimmt. Betrachte das Hindernis als einen edlen und großartigen Gegner.

Der Erfolg schlummert seit jeher in deinem Inneren wie ein reiner Schatz. Du mußt ihn nur erwecken. Der Erfolg sucht dich seit aller Ewigkeit. In Wahrheit ist der Erfolg in dich verliebt. Beuge dich nicht; verzweifle nicht. Du mußt dich schönmachen für die Begegnung mit dem Geliebten, dich in den schönsten Farben zeigen, mit deinen schönsten Leidenschaften. Sie sind der magische Schlüssel, der alle Türen öffnet und das Schwere leicht macht.

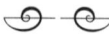

Hafte nie an den Resultaten, die du erzielst. Sie bringen dich vom Weg ab und behindern dein Fortkommen. Lebe dein Leben immer in Erwartung eines neuen Abenteuers, einer immer neuen Passion.

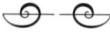

Das ewige Erwachen des Selbst zerstört den Überdruß, die Traurigkeit, das Gefühl des Scheiterns. Es ist eine Quelle unablässiger Freude.

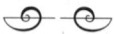

Wir sollten so leben, wie man ein Feuer unterhält. Versuche, jeden Tag eine Begeisterung, eine große Idee nachzulegen, und freue dich deiner Kühnheit, ohne jeden Stolz, in Demut vor der Schönheit der Schöpfung.

Wir sind mit der Welt und mit den Mysterien des Universums durch subtile Bande verbunden. Deine Begegnung mit den anderen hat deine eigene Harmonie zum Ziel.

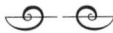

In den Wirren und dem Chaos der Welt fühlen wir uns verloren, zerrissen, isoliert. Dieses Gefühl der Zerbrechlichkeit, der Einsamkeit, ist eine Illusion. Lerne, die einzelnen Individuen als Funken eines einzigen Feuers zu betrachten.

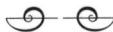

Kultiviere in dir selbst einen Enthusiasmus, eine Gewißheit, wie der Seemann, der auf dem aufgewühlten Ozean den Kurs hält, ohne die Hoffnung aufzugeben, sein Ziel, den Ort seiner Bestimmung zu erreichen.

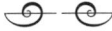

Du mußt dem Ziel, das du erreichen willst, Gestalt geben, so wie du in einer Meditation ein Mandala erzeugst. Lerne das Gelingen lieben. Laß es leuchten über allen deinen Taten wie eine Sonne, ein strahlendes Licht. Nur dann wird es sich dir schenken.

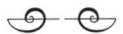

Konzentriere deinen Geist jeweils nur auf eine einzige Sache, meide die Zerstreuung. Sammle deinen Willen in einer Nadelspitze, und du wirst das Hindernis durchdringen.

Du bist dir selbst dein eigener Feind, bist immer wieder die Ursache deiner Niederlagen. In dir liegt eine dunkle Welt, die du nicht kennst. Stelle dich ihr mit den Waffen des Lichts.

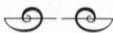

Wende dich niemals ab, wenn du einem Hindernis begegnest. Entwaffne es durch Geduld und durch Freude.

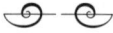

Aggression führt zu nichts. Sie blendet den Geist und läßt ihn am Hindernis zerschellen. Nimm dir ein Beispiel am Vogel. Löse dich durch die Meditation vom Boden. Nur Gelassenheit und Losgelöstheit gestatten dir, das höchste Gebirge zu überqueren.

Achte keine Sache gering. Alles ist Träger einer Verheißung, wenn du mit dem Auge der Freude siehst. Gewöhne dich nicht daran, in Begriffen von Anfang und Niedergang zu denken, von Gut und Böse, Licht und Dunkelheit. Lerne, in jedem einzelnen Ding den Anfang *aller* Dinge zu erkennen.

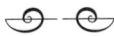

Lerne, in jedem Augenblick neu geboren zu werden. Dort, wo du hinschaust, beginnt das Universum, und in seinem Anfang ist Freude.

Die Disziplin ist keine eiserne Fessel, die den Körper stranguliert. Sie ermöglicht uns, unablässig unserer selbst eingedenk zu sein.

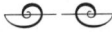

Gib den anderen die Möglichkeit zu lieben und zu existieren, denn sie sind ebenso bedeutsam wie du selbst. Die anderen leuchten wie die Sterne am Himmel. Jeder von ihnen ist eine einzigartige Sonne, ein uranfängliches Licht.

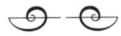

Wir müssen unsere Prüfungen mit Mut und Sanftmut annehmen. Jede einzelne von ihnen verspricht dir den Reichtum des Herzens und die Freude des Geistes. Du brauchst den Mut, um sie zu bezwingen, und die Sanftmut, um sie zu lieben.

Um erfolgreich zu sein, brauchen wir großes Vertrauen in die anderen. Allein gelingt uns nichts. Die anderen sind die tausend Arme, die helfen, das Leben jedes einzelnen zu bauen. Auf diese Weise funktioniert das Universum, von der kleinsten lebendigen Zelle bis hin zu den entferntesten Galaxien. Lerne, das Universum als ein Netzwerk guten Willens zu begreifen.

Wir fürchten die Konfrontation, die Begegnung mit dem anderen, weil wir fürchten, vernichtet zu werden oder etwas zu verlieren. Wir haben uns angewöhnt, die Welt als eine Abfolge von Niederlagen, von Katastrophen zu sehen. Kehre diese ungute Sichtweise um. Immer wenn ein Hindernis auftaucht, ist es ein Gradmesser für deinen Fortschritt. Es ist ein willkommener Anlaß für deine Transformation. Betrachte es nicht als einen schrecklichen Feind. Es ist nichts als ein Spiegel, in dem du dich selbst siehst mit all deinen Ängsten und deinem Zögern.

Trage keine Animosität, keinen Groll und keine Rachege-
fühle mit dir herum. Rotte die schlechten Gedanken aus, die
Ängste, die Obsessionen, die deinen Willen lähmen. Ver-
heimliche nichts. Wenn du eine Kobra auch unter deinem
Bett versteckst, wird sie den Schlafenden doch nicht wirkliche Ruhe finden lassen. Um deine Begierden zu besiegen,
kultiviere in dir den Wunsch, dich selbst zu besiegen.

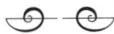

Der Erfolg ist nichts anderes als das schönste Bild deiner
selbst, das plötzlich vor dir entsteht, sich realisiert. Der Erfolg
ist eine Frau in seidenen Gewändern, geschmückt mit fun-
kelnden Juwelen. Lerne, sie zu verführen.

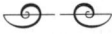

Um ein Scheitern zu vermeiden, mußt du vorher über deine
Entscheidungen vor allem in Hinblick auf ihre Konsequen-
zen meditieren. Stelle sie dir vor als ein Netzwerk von Ener-
gien, mit Kräften, die sich überlagern, sich verstärken oder
gegenseitig befehden. Du bist das Zentrum all dessen, die einzige Quelle. Du mußt dir über das Hindernis klarwerden,
wenn es noch weit entfernt ist. Bevor du damit konfrontiert
bist, mußt du seinen inneren Mechanismus durchschauen,
damit du nicht überrascht wirst und ihm in die Falle gehst.

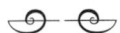

Entledige dich nach und nach deiner Gewohnheiten, der Automatismen, der üblen Launen, die den Geist entzweien und überschatten.

Nutze das Gefühl der Begeisterung, des Vergnügens, mit einem klaren Bewußtsein deiner selbst. Gib jeder Handlung, jeder Erfahrung, jedem Kampf deines täglichen Lebens einen neuen Sinn. Dann wirst du die Freuden der Sieger kennenlernen, jener Menschen, deren innere Kraft auf das zu erreichende Ziel ausgerichtet ist wie die Nadel eines Kompasses.

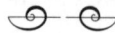

Finde deine Mitte. Aus ihr heraus kannst du dein Leben aufbauen, ein Projekt in Angriff nehmen und verwirklichen. Dieses Zentrum ist die Quelle deines persönlichen Lebens. Es ist wie ein stiller See, der von keiner Leidenschaft bewegt ist. Es ist eine tiefe, spirituelle Stille, die entsteht, wenn das Denken mit seinen Worten und Bildern zum Stillstand kommt. Schöpfe deine Handlungen aus dieser Stille.

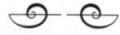

Der Erfolg setzt eine fröhliche Geistesverfassung voraus. Kein negativer Gedanke darf sich deinem Verlangen nach Erfolg entgegenstellen.

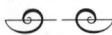

Wende dich nicht von den alltäglichen Aktivitäten ab, wenn du den edelsten aller Siege davontragen willst: den Sieg über dich selbst.

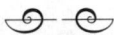

Die Entfaltung deines inneren Seins ist der größte aller Erfolge. Sie schenkt dir Seelenfrieden, Lebensfreude und Geistesklarheit. So fallen die Hindernisse von selbst, und die Schwierigkeiten werden zu einfachen Etappen, die für dein Vorwärtskommen notwendig sind.

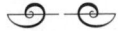

Glück

Voraussetzung für das Glück ist das Annehmen anderer, die Schlichtheit des Herzens und die Fähigkeit des Geistes zu staunen.

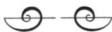

Das Glück ist kein verschlossenes Paradies, abgetrennt von der Welt. Es ist die Quelle und der Ozean zugleich.

Gib nie die Hoffnung auf dein Glück auf. Es wartet nicht am anderen Ende der Welt auf dich oder in einem anderen Leben. Es ist dort, wo du dich befindest. Es wartet nur auf den Augenblick, wo du endlich bereit bist, es einzuladen, es zu empfangen. Wende deine Gedanken dem Glück zu. Es reicht, wenn du einfach nur deine Angst überwindest.

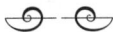

Willst du glücklich sein, dann lerne, in Freude und Unschuld zu wünschen. Niemand wird glücklich ohne den Willen zum Glück.

Das, was glücklich macht, kann auch Traurigkeit verursachen. Gib deinen Begierden nicht nach, lerne, sie zu überwinden. Dann wird deine Freude noch größer sein.

Das Glück gleicht einem Sonnenbad der Seele. Du solltest in allen Dingen das volle Sonnenlicht suchen.

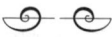

Überheblichkeit und Arroganz sind kümmerliche Schutzwälle. Indem du sie beseitigst, löschst du die Distanz aus, die dich von anderen trennt.

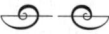

Du glaubst, das Glück sei flüchtig und von den Angriffen des täglichen Lebens bedroht. Sobald du Freude erfährst, stellt sich sehr bald auch eine innere Unruhe ein und das Gefühl der Kurzlebigkeit aller Dinge. Halte dich nicht damit auf zu messen, was dir geschenkt ist. Begnüge dich damit, jeden Augenblick so zu leben, als ginge er nie zu Ende.

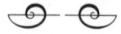

Das Glück besteht darin, den Teil der Ewigkeit zu entdecken, der im anderen verborgen liegt, und ihn als das Ureigenste zu erkennen.

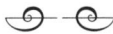

Ihr habt euch angewöhnt, daran zu glauben, daß der Mensch nur über ein einziges Leben verfügt, begrenzt durch Geburt und Tod. Glaubt ihr denn, daß das Glück in einem derart kurzen Zeitraum möglich ist, der überschattet ist von den Ängsten der Zeitläufte und dem drohenden Tod?

Das Glück schenkt sich dem, der seine Lebensangst besiegt hat und der sein Leben als einen heiligen Funken in der großen Kontinuität der Zeitalter betrachtet.

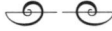

Wir sind verantwortlich für unsere Handlungen, für unser Benehmen. Wir ernten, was wir säen. Das ist das große karmische Gesetz von Ursache und Wirkung. Zwei Gründe sollten uns antreiben, das Glück zu suchen: der Wunsch, unser gegenwärtiges Leben zu verbessern, und der, eine glückliche Wiedergeburt in einem künftigen Leben zu erlangen.

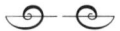

Finde die Unschuld des Augenblicks wieder, die einfache Klarheit der Dinge. Lerne, die Ewigkeit zu leben.

Schenke Glück, aber erwarte nie eine Erwiderung von den anderen.

Weise die Freude am Sex nicht zurück, als handelte es sich um etwas, das eines Menschen auf dem Weg zur spirituellen Erkenntnis nicht würdig sei. Wie die Adepten des Tantrismus sagen, erlaubt die Erfahrung der körperlichen Liebe das Klare Licht zu verwirklichen. Die physische Begegnung zweier Körper ist ein heiliger Akt, weil sie zugleich Energie, Liebe und Licht erzeugt.

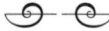

Es gibt flüchtige Glücksgefühle, schnell und leidenschaftlich, die vergehen und einen schalen Nachgeschmack hinterlassen, ein starkes Gefühl der Traurigkeit. Es gibt aber auch das ewige Glück, das nie vergeht und in uns weiterleuchtet wie eine einmal entzündete Lampe. Es hat nicht aufgehört zu sein seit dem anfanglosen Beginn der Welten. Willst du dieses Glück entdecken, mußt du nur in dich selbst hinabtauchen.

Du fürchtest zu verlieren, was du besitzt, und deshalb bist du nicht glücklich. Lerne, innerlich loszulassen, ohne deine Wünsche aufzugeben. Löse dich von den Dingen und nähere dich ihnen gleichzeitig an. Das ist einer der Schlüssel zur Befreiung. Akzeptiere, das zu verlieren, was du besitzt, wenn du es lange behalten willst.

Lerne, in deinem täglichen Leben zu spielen wie die Kinder und die Mönche im Tsangpo-Tal.

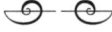

Wir haben keinen anderen Gott als die Freude, deren letzte Quelle in einem jeden von uns liegt. Werde zu einem Zauberer, einem Magier, der das Leben transformiert. Überrasche deine Freunde, mache sie staunen, webe Theaterkulissen um sie herum. Diese Leichtigkeit schmückt das Leben. Sie verleiht deinem erwachsenen Gebaren einen übernatürlichen, sagenhaften Charakter. Scheue dich nicht, das Leben wegen seiner Schönheit, seiner Wunder zu begehren – wie ein Verliebter, wie ein Verehrer.

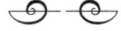

Wir sind frei zu lieben und zu wählen. Nicht du bist es, der entscheidet, mit deinen Ängsten und deinen Konflikten, sondern das souveräne Leben in dir, das, was die Lamas die Große Göttin nennen.

Das Glück ist vor allem eine Geisteshaltung, eine andere Art und Weise, die Welt zu betrachten. Es kommt zu uns, weil wir es uns inbrünstig gewünscht haben, in Übereinstimmung mit dem Gesetz der Anziehung und der Harmonie, welches das Universum regiert.

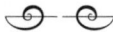

Versuche nicht zu kämpfen, zu verstehen, zu analysieren! Vergiß dich in der Freude wie ein Kind.

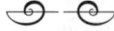

In Dharamsala und Delhi wie in London, München oder Paris unterwerfen Männer und Frauen sich ihrer Automatisierung durch die Gesellschaft. Sie leiden aufgrund von Unwissenheit, ihrer ureigenen Lebenskraft beraubt. Gib ihnen die Freude wieder, die ihnen fehlt. Der befreite Mensch ist wie ein Stern. Er muß für sich selbst und für andere leuchten.

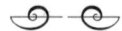

Gehe vorsichtig mit deinem Gedächtnis um. Es ist wie ein Spukschloß, voller alter Erinnerungen, die nicht Abschied nehmen wollen. Werde zum Geisterjäger. Laß dein Bewußtsein klar und leuchtend werden, ohne Schatten und ohne Bilder. Belaste dich nicht mit der Vergangenheit, sorge dich nicht um die Zukunft, denn es ist der Augenblick, in dem die Welt sich erschafft. Alles andere existiert nicht.

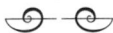

Denke und handle stets aus dem Augenblick heraus. Die Kraft des Lebens schwebt nicht irgendwo in der Vergangenheit oder der Zukunft, die nichts als Ansichten des Geistes sind. Sie inkarniert sich im Augenblick. Es ist der Augenblick, in dem du die Kraft des Lebens entdeckst, nicht in Träumen von der Vergangenheit oder der Zukunft.

Für denjenigen, der zu sehen weiß, ist jeder Augenblick des Lebens eine Insel des Glücks. Es genügt, dort innezuhalten und sich nicht von den Turbulenzen der Unwetter davontragen zu lassen, vom Lärm der Welt.

Baue eine Insel, für dich selbst und deine Lieben, einen Tempel, eine uneinnehmbare Festung – aber laß das Tor offenstehen, Tag und Nacht.

Wende dich um und betrachte den Weg, den du zurückgelegt hast. Sei nicht verzagt. Ernte stets die Früchte deiner vergangenen Erfahrungen und mehre damit deinen Schatz.

Erinnere dich. Das Mitgefühl ist eine der stillen Formen des Glücks. Es erlaubt dir, goldene Bande zwischen dir und den anderen zu knüpfen und deiner Freude weitere, gewaltigere Horizonte zu eröffnen. Das Glück schottet nicht ab, es befreit.

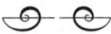

Glück und Liebe sind untrennbar. Das eine erstrahlt nicht ohne das andere. Willst du glücklich sein, dann lerne vor allem zu lieben.

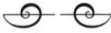

Das Denken bringt Verwirrung, Komplikation; es ist die Quelle all deines Leidens. Finde zur Einfachheit zurück und zur Transparenz des Herzens.

Das Glück ist kein utopisches, unerreichbares Paradies. Es ist der leuchtende Schatten deiner selbst, die goldene Zuflucht, der friedliche Garten, in dem die Gegensätze sich versöhnt haben.

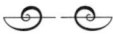

Willst du glücklich sein, dann verzichte auf unnütze Geschäftigkeit, auf leere Worte, auf die Hast, die nichts ist als eine unglückselige Flucht. Halte inne, beruhige deinen Geist, lausche deinem Leben.

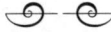

Einzig der Augenblick ist ewig. Wir kosten den Augenblick nie ganz aus.

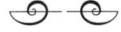

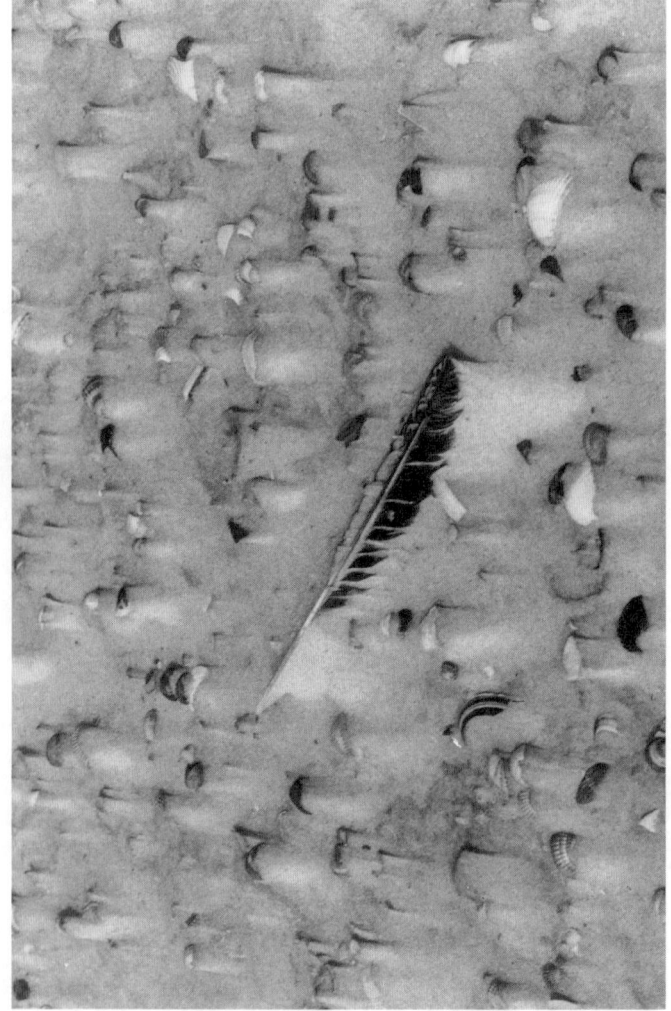

Freundschaft

Wähle deine Freunde nach ihrer seelischen Qualität aus, auch wenn sie deine eigenen Hoffnungen und dein Bestreben nicht teilen. Bleibe nicht allein. Du brauchst eine größere menschliche Familie, um dein Herz öffnen und dich befreien zu können. Betrachte sie als Brüder und Schwestern, mit denen du ein Geheimnis teilst.

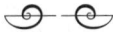

Die Freundschaft erlaubt dir, auf dem Weg zur Befreiung schneller voranzukommen. Freunde, die sich gut kennen, betrachten und beurteilen einander im selben Spiegel, ohne jemals aufzuhören, einander zu lieben. Der eine ist der getreue Spiegel des anderen.

Höre deinen Freunden aufmerksam zu, sei stets für sie verfügbar, wie es ein Bruder, ein Vertrauter sein sollte – dann werden sie um dich herum einen magischen Kreis bilden, ein beschützendes Mandala.

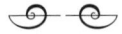

Wahre Freunde machen keine überflüssigen Worte. Sie können durch Schweigen kommunizieren, durch warnende Träume, durch Intuition. Es ist das Licht des Herzens, das sie verbindet.

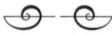

Wer sich der Freundschaft bewußt wird, ist nicht länger allein. Er wird zum anderen und webt mit ihm ein Netz des subtilen Austausches. Solch ein Mensch versucht nicht, den anderen zu ändern, ihn dazu zu bringen, den eigenen Geschmack, die eigenen Bedürfnisse zu teilen. Noch nicht. Er gibt sich damit zufrieden zu *sein*. Er verweilt am Ufer des Freundes, so wie ein Eremit am Ufer des Sees lebt. Und er findet sein eigenes Bild im Geheimnis des anderen wieder.

Die Freundschaft ist eine Zuflucht, eine heilige, brüderliche Gemeinschaft. Sie ist eine der »kostbaren Zufluchten«, von denen die verschiedenen Buddhas sprechen. Im Lärm der modernen Welt müssen Mann und Frau Zuflucht nehmen. Hat man Zuflucht genommen, dann verschwinden die Probleme wie ein Schwarm Vögel, der durch den Stein einer Schleuder aufgeschreckt wird. Sie verlieren ihre Schwere und heben an zu tanzen.

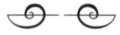

Die Freundschaft gestattet, den Kreis zu durchbrechen, aus sich selbst heraus und auf den anderen zuzugehen. Das ist ein Akt der Befreiung, der den schönsten Teil unserer selbst erhellt. Er geht über Egoismen und Leichtfertigkeiten hinaus. Betrachte die Begegnung zweier Freunde wie ein Wunder auf dem Weg, frei, absichtslos, bar der Eifersucht und des Besitzdenkens. So wird die Freundschaft zu einer inneren Erfahrung.

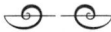

Die Freundschaft ist eine Brücke zwischen den Unterschieden. Sie läßt uns in Übereinstimmung mit uns selbst leben, ohne Heuchelei, und sie bewirkt, daß wir den anderen wohlwollen. Sie fügt das wieder zusammen, was durch Egoismus und Unwissenheit auseinandergerissen wurde.

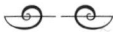

Indem du auf den anderen zugehst, entdeckst du dich selbst. Du wirst verletzlich, schutzlos. Auf diese Weise beginnt das Herz zu strahlen.

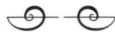

Die Freundschaft läßt sich nicht beurteilen oder messen. Laß sie in Freiheit leben wie den Wind, wie die Flamme, und du wirst sie nicht verlieren.

Zögere nicht, deinen Freunden deine Träume, deine Wünsche, deine Zweifel anzuvertrauen, damit du sie sichtbar machen und überwinden kannst. Es gibt keine Freundschaft ohne Bemühungen, und auch nicht ohne inneren Kampf.

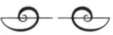

Du bräuchtest die asketische Kraft des Eremiten, des Meisters der Weisheit, um dich selbst von deinen Irrungen und Illusionen befreien zu können. Heute vermag der moderne Mensch nichts ohne die anderen. Er lebt nicht in der Abgeschiedenheit Tibets, außerhalb der Welt, von den mondänen Dingen durch die geweihten Mauern eines Klosters geschützt. Es sind Dialog, Austausch und Wechselwirkung, die uns befreien und wieder zur einzigartigen Quelle zurückführen, die allen Wesen gemeinsam ist.

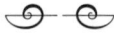

»O Lama«, fleht der Schüler, »erwecke mich aus meinem tiefen Schlaf! Befreie mich rasch aus diesem tiefen Kerker!« Der Lama schickt dem Schüler einen Geist, eine Gottheit, die in den tibetischen Lehren oft die Gestalt eines Freundes annimmt. Dieses Wunder wiederholt sich bei jeder geheimnisvollen Begegnung. So ist in einer Gruppe von Freunden ein jeder der Botschafter, der Befreier des anderen.

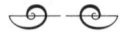

Betrachte die Freundschaft wie eine glückbringende Zeremonie, wie einen Tanz, eine Feier, bei der die Gegensätze sich nicht bekriegen, sich nicht gegenseitig vernichten. Die einzelnen Persönlichkeiten strahlen mit demselben Licht, ohne ihre Besonderheit, ihre Identität zu verlieren.

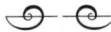

Es bedarf keines Redeflusses, um die Freundschaft zu festigen und lebendig zu machen. Im Gegenteil, viele Worte sind immer ein Zeichen von Unsicherheit und Unruhe. Lerne, in Gegenwart deines Freundes zu schweigen. Teile die Stille mit ihm, sie ist der geheime Raum, in dem das Herz direkt zum Herzen spricht. Wo Worte nicht mehr brächten als bemühte Erklärungen und unbefriedigende Rechtfertigungen, kann eine Geste, ein Lächeln Freude entstehen lassen.

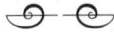

Beschränke die Freundschaft nicht auf oberflächliche Beziehungen. Sie schenkt dir eine tiefere Wahrnehmung der Welt. In ihr tut sich der geheimnisvolle, ewige Raum des Herzens auf, in dem der Himmel und die Erde sich begegnen im selben Spiegel.

Die Freundschaft gebiert neue Sonnen. Sie feiert die große Güte des Universums, seine Fülle, seine anhaltende Freude.

Freundschaft ist wie der Duft von Blumen; sie schmückt denjenigen, der in ihrer Gegenwart lebt. Versuche nicht, sie abzuschneiden, sie zu entwurzeln, um sie eifersüchtig nach Hause mitzunehmen. Damit würdest du sie sterben lassen.

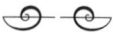

Lerne, in Frieden mit deinen Freunden zu leben, alles Bedeutungslose hinter dir zu lassen – die Probleme der Eigenliebe, welche Konflikte entstehen lassen und aus deinen Befürchtungen und Ängsten entstehen. Betrachte die Freundschaft als den geheimen Teil deiner selbst, und sie wird dir Klarheit über deinen eigenen Geist verschaffen.

Die Freundschaft ist keine Prothese, keine Krücke, auf die man sich stützt. Sie ist ein freies Geschenk des Geistes. Sie gibt dir einfach das, was du deinerseits im Austausch geben solltest. Sie lehrt dich, den unendlichen Reichtum des Lebens zu teilen.

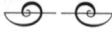

Liefere dich deinen Freunden ohne Hintergedanken aus, mit einem klaren und freudigen Geist. Lerne zu geben, ohne etwas zurückzuhalten, wenn du an Weisheit und Liebe wachsen willst.

Kommt dein Freund, wenn du ihn brauchst, oder überläßt er es dir, dich allein mit deinen Problemen und deinem Leid herumzuschlagen? – Kultiviere bloß nicht diese egoistische, fordernde Erwartung, die nichts ist als eine momentane Laune! Der Freund wird nicht zu dir kommen, wenn du nicht auf ihn zugehen kannst.

Die Freundschaft ist das Gesetz, das die Planeten zusammenhält, all die sichtbaren und unsichtbaren Formen des Universums. Verlange nicht, daß die Sterne aufeinanderprallen, damit würdest du das wunderbare natürliche Gleichgewicht zerstören. Sie existieren in einer Beziehung mächtiger gegenseitiger Anziehung, die sie am Leben erhält, und respektieren dabei ihre jeweilige Identität und Natur. Dasselbe gilt für die menschlichen Wesen. Die Freundschaft verlangt keine ständige physische Präsenz. Sie kommt auf viel geheimnisvollere Weise zum Ausdruck, durch Stille, durch Anziehung.

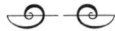

Der Freund ist nicht der große Heiler, der allmächtige Erretter, der den Schlüssel zum Glück besitzt. Er ist nichts anderes als die bereicherte Spiegelung deiner selbst. Er bringt dir das zurück, was du verloren hast.

Das Gelingen

Das Gelingen ist die Frucht der vollkommenen Kenntnis deiner selbst und der Mechanismen der Welt. Der gesellschaftliche Erfolg bleibt zerbrechlich, bedroht, wenn er nicht in einem inneren Gelingen wurzelt.

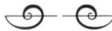

Damit uns das Leben gelingt, müssen wir zuerst Frieden mit uns selbst schließen, ohne daß wir den Geschmack am Leben und den Lebensschwung verlieren.

Der Erfolg verlangt einen klaren Blick auf sich selbst und die anderen sowie einen durchsetzungsfähigen Willen, also den tiefsitzenden Wunsch, ein Ziel zu erreichen. Wenn dir etwas gelingen soll, dann träume nicht nur vage davon, ohne Leidenschaft, ohne Kraft. Denke voller Liebe daran, hätschele es, kümmere dich darum in deinen Träumen, in deinem Herzen. Dann wird es sich manifestieren.

Was du auch verlierst, du findest es immer wieder, doch in einer anderen Form. Übe dich in Geduld, und die Dinge werden zu dir kommen.

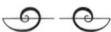

Akzeptiere Prüfungen. In deinem Leben wird dir alles *gegeben*: die Furcht, das Glück, der Schmerz, die Ängste, die Freuden, das Lächeln …

Die Hindernisse, die dich am Vorankommen hindern, sind nicht definitiv. Betrachte sie auf andere Weise, und du wirst sehen, daß sie sich verändern.

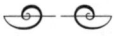

Das Gelingen ist relativ. Es ist gleichzeitig aus Gold und aus Schlichtheit gemacht. Lerne, eine Blume mit Erstaunen zu betrachten, und du wirst die höchsten Höhen erklimmen können.

Erfolgreich sein, ohne andere zu zerstören, das heißt, am Harmoniegesetz des Universums Anteil haben.

Es genügt, jeden Tag nur wenige Minuten zu meditieren, damit das Leben transformiert wird. Hege jeden Tag einen glücklichen Gedanken an die ganze Schöpfung, und dir wird Freude geschenkt werden.

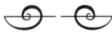

Ohne spirituelle Verwirklichung gibt es kein Gelingen, gleich auf welcher Ebene des Lebens. Unser Leben ist dann gelungen, wenn wir in uns selbst die Vollkommenheit des Universums wiedergefunden haben.

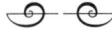

Erkenne den Wert des anderen, wenn du vorankommen willst.

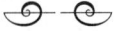

Baue nichts hastig und verkrampft auf. Verwurzele deine Konstruktion, gib ihr tiefreichende Wurzeln. Vergiß nicht, daß die gesamte Schöpfung aus dem Herzen hervorgeht und dorthin zurückkehrt. Wenn dein Leben gelingen soll, dann baue niemals außerhalb der Liebe und des Wunsches, anderen zu dienen.

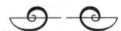

Das persönliche Gelingen ist mit dem Gelingen der anderen verbunden. Im Universum strahlt keine Sonne für sich allein. Alles ist auf unauflösliche Weise miteinander verbunden wie die Gliedmaßen eines Körpers.

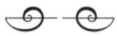

Uns gelingt nichts, wenn es zum Nachteil anderer ist, oder ohne deren Wissen, sondern nur, wenn wir mit ihnen ein gemeinsames großes Abenteuer teilen. Das, was abgetrennt und losgelöst ist, von dem sagt man, daß es verlöscht, daß es stirbt. Allein die Liebe rettet die Welt und verhindert, daß sie zusammenbricht und ins Nichts zurückkehrt.

Denke nicht an die Früchte des Sieges. Das beschwert deinen Geist und vergiftet ihn. Genieße sie mit Respekt und mit Humor, als ein Zeichen dafür, daß dir etwas gelungen ist. Sie selbst sind nur nebensächliche Erscheinungen deines Fortschreitens, Leuchtbojen, die deinen Kurs erhellen.

Erfolg im Leben haben heißt nicht, daß wir eine Stellung erringen, die uns das Gefühl gibt, andere zu beherrschen. Dieses Gefühl ist oft genug die Ursache für Fehlschläge. Verwechsle gesellschaftliches Vorankommen nicht mit spirituellem Fortschritt. Wirksames Handeln setzt große Weisheit voraus.

Das Gelingen verlangt großen Verzicht. Wer sich an die Früchte seines Handelns klammert, der macht keine Fortschritte mehr. Er findet sich durch seine eigenen Werke gefesselt und geknebelt. Löse dich durch Meditation von deinen Werken, ohne auf sie selbst zu verzichten.

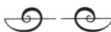

Höre auf, Dinge anzuhäufen, wenn dir dein Leben gelingen soll. Die Ansammlung von materiellen Gütern ist nur eine Karikatur des Glücks. Sie zersplittert und belastet den Geist. Werde wieder leicht!

Ein Wettrennen gewinnt man nicht für sich selbst, sondern um bei den anderen beliebt zu sein und sich ihre Anerkennung zu verdienen. Betrachte den eigenen Erfolg nicht als persönlichen Gewinn. Er sollte dich den anderen und ihrer Brüderlichkeit näherbringen.

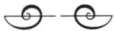

Ein Mißerfolg öffnet dem Herzen manchmal die Augen. Da sieht man sich nackt, schutzlos, zerbrechlich und krank – das heißt ehrlich und menschlich, befreit von künstlichem Getue und falschen Schutzwällen, die uns überhaupt nichts bringen. Ein Scheitern, das wir verstehen und über das wir tief meditieren, kann der erste Schritt auf dem Weg zum Gelingen sein.

Der gesellschaftliche Aufstieg eines Menschen sollte frei von jeglichem Stolz und jeglicher Arroganz sein, wenn er wirklich zur vollen Verwirklichung des Lebens beitragen und jede Handlung, sei sie noch so geringfügig, in strahlendem Glanz erscheinen lassen soll.

Dies ist das Paradox des Weisen: Um frei leben zu können, muß man um seine Sterblichkeit wissen; und um seine Sterblichkeit zu wissen heißt, sich seiner Unsterblichkeit voll bewußt zu sein.

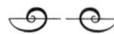

Wir wachsen auf, um etwas zu erschaffen, etwas in die Welt zu setzen, das Leben zu verwirklichen – und nicht, um zu zerstören, zu unterdrücken, zu beschneiden. Wille, Klarheit und Liebe sind die drei Schlüssel zum Gelingen.

Lerne, in die Haut anderer zu schlüpfen. Du mußt dich in ihre Lage versetzen, ihre Empfindungen, ihre Gefühle erfahren, um wirklich zu verstehen, wer sie sind und auf welche Weise sie reagieren. Dann sind deine Gegenüber in der Gesellschaft nicht mehr Gegner, sondern Verbündete und Komplizen.

Auf dem Weg gibt es nur einen Feind, und das bist du selbst. Übernimm nicht die unheilvolle Angewohnheit, die Welt in »Freund« und »Feind« aufzuteilen. Mögen alle deine Handlungen auf Freude und Frieden ausgerichtet sein. Nur der Krieger, der den inneren Kampf ausficht, ist ein wirklicher Held. Denn das ist der einzige Krieg, der des Menschen würdig ist.

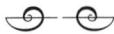

Erfolgreich sein heißt vor allem, die anderen dazu zu bringen, uns zu lieben.

Bei schwierigen Prüfungen wende dich deinem eigenen Herzen zu, suche Zuflucht in dir selbst, und steige mit erneuerten Kräften wieder aus dir empor.

Das Gelingen eines weisen Menschen ist kein vergängliches Bauwerk, dem es bestimmt ist, wieder zerstört zu werden. Es ist wie eine Brücke, eine Verbindung zwischen zwei Welten. Alle menschlichen Erfolge sind nichts als eine Vorbereitung auf das Hinübergehen, auf die Umwandlung der Welt. Dir muß der Übergang gelingen. Auf diese Weise wird der Adept zu einem Buddha, einem Erleuchteten. Das höchste Gelingen ist die göttliche Weisheit. Das Leben ist der beschwerliche Weg, der dorthin führt.

Du siehst klar und du weißt um die Kürze des Lebens zwischen Geburt und Tod. Mach etwas daraus! Benutze das Leben als einen schnellen Weg, um Weisheit zu erlangen. Vergeude keine Zeit. Dein Leben beginnt heute.

Habe keine Scheu, viel vom Glück zu verlangen, von den Lebensumständen oder, je nach deinem Glauben, von den Schutzgottheiten.

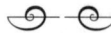

Kein Erfolg hält lange an, wenn er auf Stolz basiert. Er frißt sich selbst auf und reißt in seinem Fall den Menschen mit. Er verschlingt alles wie ein mythisches Ungeheuer.

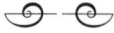

Lerne, für dich selbst und für die Schönheit der Welt zu arbeiten. Finde den Enthusiasmus der Entdecker wieder, der Erbauer von großen Reichen, die den entferntesten Horizont ins Auge faßten, um ihr Werk zu vollenden. In jedem einzelnen Augenblick deines Lebens solltest du die Freude des Aufbruchs zu neuen Ufern empfinden.

Wer selbstsüchtig Reichtümer anhäuft, ohne einen Teil seines Gewinns an andere weiterzugeben, der macht die Erde unfruchtbar und verhindert weitere Ernten. Erfolgreich sein, das heißt nicht gewinnen, um Reichtum anzusammeln, sondern geben, um besser empfangen zu können.

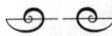

Deine Arbeit gut machen – das ist zugleich handeln und meditieren. Einmal beendet, existiert sie nicht außerhalb deiner selbst, abgetrennt, wie es allzu viele der menschlichen Errungenschaften sind. Sie verweilt vielmehr im Licht des Herzens.

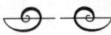

Arbeite stets im Gedenken an die Freude der anderen. Das Gelingen sei nicht für dich selbst da, sondern für jene, die dir nahestehen. Ihre Freude sei die Krönung deines Erfolges.

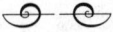

Ohne Wagemut läßt sich kein großes Projekt verwirklichen.

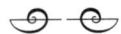

Liebe

In der Erfahrung der Liebe beginnt die Welt aufs neue – in jedem Augenblick.

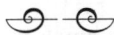

Die Liebe ist zuerst ein Geschenk der Götter, bevor sie zum Funken und Verlangen im Herzen des Menschen wird. Sie vereint, was getrennt war: die Freude und den Schmerz, die Erinnerung und das Vergessen, die Geburt und den Tod. Die Liebe ist der große Befreier.

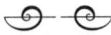

Die Liebe nimmt nicht, sie gibt.

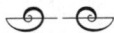

Das Besitzdenken verhindert den Seelenfrieden; es ist ein destruktiver Reflex, der zum Leiden führt.

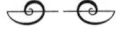

Die Liebe, die du nicht erreichen kannst, erstrahlt außerhalb deiner selbst, und ihr Licht erscheint dir unerreichbar. Betrachte sie als ein weit entferntes Gestirn, das nur für dich leuchtet. Auf diese Weise wird sie dir näherkommen.

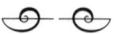

Die Liebe ist eine Verschmelzung der Seelen jenseits des Körpers, auch wenn der Körper leidenschaftlich glühend daran beteiligt ist. Sie bindet uns außerhalb unserer selbst, entreißt uns unsere Gewißheiten, unsere Glaubensvorstellungen und versetzt uns in eine friedvolle Lichtheit, die der Ewigkeit ähnelt.

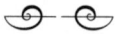

Du empfindest Liebe für einen anderen Menschen? Diese Liebe wird nicht erwidert? Gib nicht auf, wende dich nicht ab! Wenn deine Absichten wirklich von Herzen kommen, ohne Animosität, ohne Heftigkeit, neu und schön, trotz deiner Enttäuschung, deiner Entmutigung, dann werden sie das Herz des anderen berühren.

Es gibt keine Liebe ohne Verzicht, ohne Öffnung des Herzens. Warte nicht auf die Liebe – geh ihr entgegen!

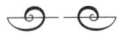

Bevor du andere beschuldigst, befrage dich selbst über die wahren Gründe deiner Liebe. Allzuoft sind wir, leider, die Ursache unseres eigenen Unglücks. Bringe deine tiefen Beweggründe ans Licht, und du wirst zum Träger eines neuen Reichtums.

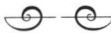

Wir glauben, wir seien der Liebe nicht würdig, und dieses negative Gefühl hindert uns daran zu leben. Bedenke, daß es in der Liebe keinen Sieger und keinen Besiegten gibt. Das Leben allein triumphiert.

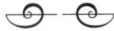

Jedes menschliche Wesen ist der Liebe würdig. Nimm sie einfach an, wie du den Himmel, die Sonne und das Ziehen der Wolken annimmst. Lerne, in der Leichtigkeit der Liebe zu leben, ohne vor ihrer Tiefe zurückzuschrecken.

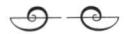

Die Liebe schenkt uns ewigen Reichtum.

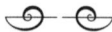

Vertrauen und gegenseitiger Respekt sind die Pfeiler der Liebe. Sie überschreitet Rivalitäten und Egoismen. Willst du lieben, dann verzichte auf alle schützenden Wälle und Gräben und liefere dich aus in der Nacktheit des Herzens.

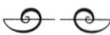

Du kannst den anderen nur lieben, wenn du dich selbst liebst.

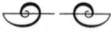

Entscheide dich ab sofort für eine andere Art zu leben. Laß nicht zu, daß Unbeweglichkeit und Altersmüdigkeit sich in deine Liebesbeziehung einnisten. Setze ihnen Spontaneität und jugendliche Energie entgegen, neue Gefühle und neue Träume. Oft vergiften Zweifel und Überdruß die Liebe. Verdopple deine Wachsamkeit.

Unterhalte die Liebe unablässig, so wie du ein Feuer nährst, mit Düften, mit Farben, mit Musik. Kultiviere die Kunst der Verführung. Lerne, deinen Handlungen, deinen Gedanken, deinem Verlangen etwas Strahlendes zu geben. Die Liebe bedarf des Lichts, um leben zu können.

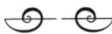

Das Universum kommt ins Gleichgewicht, wenn die beiden Hände zusammenkommen.

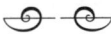

Betrachte jede Person, der du begegnest, als überbrächte sie dir ein großes Geheimnis.

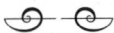

Die Liebe ist eine gewaltige heilende Kraft.

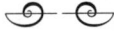

Es gibt ein Geheimnis der Liebe. Diejenigen, die sich lieben, erfahren in ihren Herzen die Anziehungskraft der Sterne, das Feuer der Sonnen, den Anfang und das Ende der Welten. Sie sterben und werden im selben Körper wiedergeboren.

In der körperlichen Liebe sucht ein jeder verzweifelt den anderen. Gib dich nicht damit zufrieden, für eine kurze Weile einen anderen Körper zu besitzen, sondern suche die Verschmelzung von Körper und Geist, indem du dir deiner Gefühle und Empfindungen bewußt wirst. Auf diese Weise vereinigen sich die Adepten des Tantrismus mit der Großen Göttin. So wird die Liebe zum Befreier.

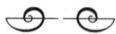

Willst du lieben und geliebt werden, dann betrachte jeden einzelnen Tag als einen außergewöhnlichen.

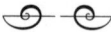

Wer die Liebe liebt, der empfindet die Gegenwart des geliebten Wesens gleichzeitig als Leid und als Freude. Das ist der wechselseitige Kampf zwischen dem Schatten und dem Licht. In deine Freude mischt sich eine Bedrohung, eine dunkle Ahnung des Scheiterns, die dich unglücklich macht. Betrachte die Freude und die Traurigkeit als die beiden Farben ein und desselben Blumenstraußes. Laß nicht die eine die andere bekämpfen, und deine Liebe wird gerettet.

Die Liebe ist die andere Seite der Einsamkeit, ihre lichte Seite.

In der körperlichen Liebe bricht der Himmel auf, und du hast teil am Aufleuchten der Welten, an ihrer Schöpfung. Die Vereinigung des Körpers und des Herzens öffnet ein Tor zur Unendlichkeit.

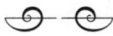

Manche Menschen glauben, daß das Verlangen nach dem Liebesakt in sich zusammenfällt, daß er ein Gefühl der Traurigkeit mit sich bringt und uns vom anderen entfernt. Das ist eine falsche Sichtweise. Nutze diesen unvergleichlichen Augenblick, um über deine Empfindungen zu meditieren und dir dessen bewußt zu werden, worin der Körper wirklich Ruhe findet.

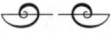

Hinter dem Liebesakt gibt es die stillen Morgenstunden und die Transparenz der Welt.

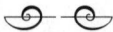

Die Liebe existiert nicht außerhalb deiner selbst, auch wenn du sie außerhalb von dir suchst. Sie wohnt in den Geheimnissen deines Herzens – du hast bloß den Schlüssel verloren.

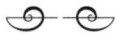

Kindlichkeit

Verrate niemals deine Kindlichkeit! Sie ist wie eine Goldmine unter dem Schutt deiner Probleme, deiner Ängste – eine Sonne, die niemals erlischt.

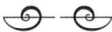

Verhalte dich bei allem, was dir widerfährt, wie der klarsichtige Krieger, der gegen ein Hindernis kämpft, und wie das staunende Kind, das die Welt entdeckt.

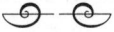

Um gegen Unruhe und Überdruß anzukämpfen, schau dir die Kinder an. Sie sind die Spontaneität, die Aufrichtigkeit, die Unschuld, die du verloren hast. Steige herab vom Pferd deiner Erwachsenenrolle, lerne, an ihren Spielen teilzuhaben, ihre Emotionen zu erleben – und du wirst sehen, wie deine Augen zu leuchten beginnen und die Dinge wieder neu werden.

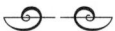

Du solltest die Kindlichkeit wiederfinden, so wie ein Blinder sein Augenlicht wiedererlangt.

Widme dich Kindern an bestimmten Tagen mit deiner ganzen Inbrunst. Werde wieder zu dem, was du einmal warst, und das Leben mit seinen Herausforderungen, seinen Verzauberungen, seinen strahlenden Farben wird dir wie ein großes und wunderbares Abenteuer erscheinen. Lerne, wieder lebendig zu werden.

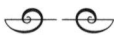

Wenn du ein Kind beobachtest, versuche zu verstehen, was es fühlt, versuche, seine Träume und seine Freuden zu teilen. Erwecke den Geist der Kindlichkeit in dir zu neuem Leben. Diese menschliche Erfahrung bringt dir große Freude und ein intensives Gefühl der Freiheit. Du wirst den Lebensmut wiederfinden, das Verlangen zu lieben und Neues zu entdecken.

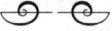

Wenn du Fortschritte machen willst, dann lerne, das Treiben und den Lärm der Welt möglichst oft hinter dir zu lassen. Nähere dich den Kindern. Werde zum Spaziergänger.

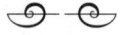

Zögere nicht, mit deinen Kindern zu spielen, auf dem Fußboden eines Zimmers kniend inmitten von kämpfenden Armeen und schönen roten und goldenen Büchern. Finde das Streitroß der Legenden wieder, den Drachen, den es zu besiegen gilt, das Land ewigen Schnees, die geheimnisvollen Prinzessinnen. Diese glückliche Veranlagung des Herzens erhält das Wunder am Leben und verhindert das Welken, das Austrocknen des Körpers – die Krankheiten des Erwachsenen.

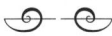

Vertraue den Kindern, höre ihnen zu, lerne, ihr inneres Leben zu teilen. Sie werden dir in schwierigen Situationen riesige Flügel verleihen.

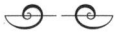

Der Geist der Kindlichkeit ist eine andauernde Feier des Lebens, eine Quelle ständiger Freude. Er befreit uns von der Schwere, von den schlechten Angewohnheiten, die uns traurig und unglücklich machen, von der Grausamkeit und Gewalttätigkeit der Welt. Wir sind dann nicht mehr zersplittert und abgetrennt. Der Geist der Kindlichkeit schenkt uns die Liebe in ihrer Ganzheit.

Verliere nicht den kindlichen Blick. Wenn wehmütige Erinnerungen oder Reuegefühle dich in deinen Träumen verfolgen, hänge ihnen nicht nach. Die schönsten Erinnerungen sind wie verlorene Lichtstrahlen, wie ein Sonnenstrahl im dichten Unterholz. Eine solche Emotion ist aus purem Kristall gemacht, aus reinem Licht. Trage sie bei dir in den Prüfungen deines Lebens. Sie ist der Schutzengel, der dich begleitet.

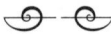

Der Geist der Kindlichkeit bringt uns den anderen näher, frei, ohne Furcht. Auch sie gehören zu dem gleichen strahlenden Licht. Sie kommen aus der Kindheit – und sie leiden wie wir unter dem Exil, der Trennung.

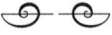

Der Geist der Kindlichkeit versteckt sich nicht. Er setzt in jedem Augenblick auf das Leben. Sein Enthusiasmus ist ansteckend wie das Feuer. Er verwandelt die Welt.

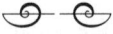

Wenn über deinem Leben ein Licht leuchten soll, dann vergiß niemals den Teil der Kindheit, der in dir steckt!

Lerne, bei Schwierigkeiten des Lebens zu lachen, zu lächeln. Finde in dir selbst den Geist des prächtigen Sommers wieder, den Hüter der Quellen, den Wundertäter. Der Geist der Kindlichkeit besänftigt den Kummer und läßt die bunten Lichter des Festes wieder strahlen. Er befreit die Welt und verleiht ihr die Tiefe des Himmels.

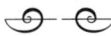

Der Geist der Kindlichkeit schenkt uns ewigen Reichtum.

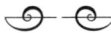

Beschütze das Kind. Verhalte dich ihm gegenüber wie ein Diener, ein Beschützer, ein heiliger Wächter. Durch seine bloße Gegenwart wird ein Kind dich zum besseren Menschen machen.

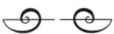

Lerne, dich vom Schauspiel der Welt bewegen zu lassen. Betrachte die Schönheiten der Natur, vom Grashalm bis zum entferntesten Gestirn. Ohne jeden Stolz und ohne jede Aggression hast du teil an der Freude der Welt, an ihrer ständigen Erschaffung.

Mögen deine Gefühle immer wieder neu sein. Von Kindlichkeit erhellt, ist jeder kleinste Augenblick des Lebens ein großzügiges Geschenk, ein Quell unendlicher Freude.

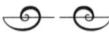

Kultiviere den Geist der Kindlichkeit – trotz deiner Tränen und deiner täglichen Prüfungen. Er wird dein Leben erblühen lassen und dich befreien.

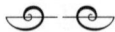

Wenn sich dunkle Wolken in deinem Leben zusammenballen, ignoriere sie und wende dich dem Geist der Kindlichkeit zu. Gib deinen Widerstand, deine Befürchtungen und deine Ängste, die auf der Täuschung und der Unruhe deines Geistes beruhen, auf. Schließe die Augen, finde in dir die Stille eines Frühlingsmorgens wieder.

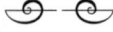

Bringe das Licht zurück, zerstreue die Dunkelheit – du trägst die Macht dazu in dir.

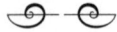

Benutze den Geist der Kindlichkeit in schwierigen Prüfungen und angesichts der täglichen Aggressionen wie einen kristallenen Schutzschild. Er ist eine der Waffen des spirituellen Kriegers. Er reagiert auf Gewalttätigkeit nicht mit Aggression. Sein Wesen ist viel subtiler. Er reflektiert das Licht und schickt es wieder zurück.

Als ich noch ein Mönch in Shigatse war, sah ich die Kinder des Tsangpo-Tales spielen. Später habe ich die Kinder der großen Städte kennengelernt, die von Delhi, London und Dharamsala. Ihre Freuden, ihre Entwürfe sind nicht auf die Vergangenheit und nicht auf die Zukunft gerichtet. Sie haben nur ein einziges Ziel, ein einziges Vorhaben: das Juwel für den Augenblick zu gewinnen.

Das Kind verweilt am Flußufer und sieht zu, wie die Zeit vorüberfließt. Das, was noch kommt und was ihm einmal zustoßen wird, kümmert es wenig. Es hat nur ein einziges Verlangen: seine Träume hier und jetzt zu verwirklichen.

Der Geist der Kindlichkeit kennt weder Haß noch Verbitterung oder Groll. Er steht nackt und unermeßlich vor dem Universum. Er fordert von ihm eine seinen Träumen angemessene Antwort. Er verlangt jeden Tag aufs neue nach Wundern.

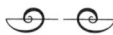

Kinder spielen, so wie eine Quelle sprudelt, wie das Sonnenlicht glitzert, wie die Wolken ziehen. Dir fehlt dieses strahlende Licht, das die Seele befreit und den Körper leicht macht. Finde dieses Gefühl der Fülle in all deinen Handlungen wieder, und dein Leben wird verwandelt sein.

Die Kindlichkeit ist jener verlorene Teil der Ewigkeit, nach dem wir uns verzehren.

Betrachte den Geist der Kindlichkeit, der nichts Kindisches hat, als einen Meister, einen einfühlsamen Führer, eine heilende Quelle.

Der Geist der Kindlichkeit bringt den Himmel in all deine Handlungen ein.

Der Geist der Kindlichkeit gehört nicht einer vergangenen Periode deines Lebens an, die niemals wiederkehrt; er ist vielmehr ein Seinszustand, eine gewisse Eigenschaft des Herzens, die die Welt aufleuchten läßt.

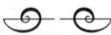

Wie das Kind ist auch der Weise jemand, der über alles staunen kann.

Meditation

In Wirklichkeit ist kein einziger Gedanke vollkommen isoliert. Der wahre Weltraum befindet sich im Inneren. Das, was in unserem Geist geschieht, hallt durch das gesamte Universum wider.

Das Leben ist eine Disziplin, die sich mit der Gegenwart vermählt. Schließe jede Handlung völlig ab. Interessiere dich für nichts anderes als für das Leben in all seinen Erscheinungsformen, denn niemand geht lebend aus diesem Spiel hervor.

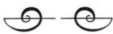

Fürchte dich nicht vor der Einsamkeit, wenn du ihr begegnest. Sie ist die Gelegenheit, dich selbst wiederzufinden und dich zu stärken.

Lerne, zuerst deinen Geist zu beruhigen und deinen Körper zu entspannen; dann steige in dich selbst hinab wie ein Taucher. Fürchte dich nicht, die Fülle und die völlige Leere kennenzulernen. Du hast nur ein einziges Leben, aber dieses ist unendlich. Mit der Meditation trittst du in das ein, was weder teilbar noch abtrennbar ist.

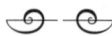

Der Anfang der Dinge liegt nicht in der Vergangenheit. Er vollzieht sich *jetzt*, in jedem Augenblick, in deinem Geist. Lerne, auf andere Weise zu denken!

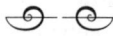

Du kannst einen Traum, eine Erinnerung als Stütze deiner Meditation verwenden. Analysiere nicht, denke nicht nach! Belasse es dabei, nur zu beobachten, ohne Worte, ohne Gedanken, wie ein Tier fasziniert das Feuer beobachtet. Transformiere deine Wünsche, deine Empfindungen in reine Energie. Sieh sie an wie Edelsteine, die ganz losgelöst von dir selbst funkeln.

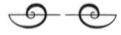

Es ist nicht nötig, über Mandalas und die traditionellen Gottheiten des Vajrayāna zu meditieren. Nimm dein eigenes Verlangen als Objekt deiner Meditation. Beobachte es aus der Ferne, ohne das Staunen zu verlieren, und folge ihm, wie man einen Fluß hinaufwandert, bis zu seiner Quelle. Es ist der Schlüssel, der alle Pforten öffnet.

Die Meditation erlaubt dir, die Stimme der Stille zu hören, ihr klares Licht in deinem Inneren zu sehen. Eine solche Schau ist nicht möglich, wenn du dich in einem schläfrigen Zustand befindest, der Träume hervorruft. Setze dich zum Meditieren mit aufrechtem Oberkörper hin, wie ein Baum, mit geschlossenen Augen in der Haltung eines Wachtpostens. Schaue tief in dich hinein, ohne in deiner Aufmerksamkeit nachzulassen, mit leerem Geist und unter Vermeidung aller Gedankenbewegungen. Dies ist die Haltung des spirituellen Kriegers, die Haltung des Erwachens.

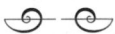

Lerne die Liebesmacht der Meditation kennen: Sie öffnet das Herz und bewirkt, daß es vom ganzen Universum durchdrungen wird. Sie bringt das wieder zusammen, was von der Verblendung getrennt wurde. So findest du dich eingetaucht in den Strom des Lebens und mit ihm dahinfließend.

Die Meditation verwandelt den Glauben in eine gelebte Realität. Nutze ihre Macht, wenn du die Welt verändern willst.

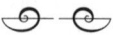

Suche ganz tief in dir selbst Zuflucht, wenn du den anderen begegnen willst.

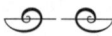

Bist du unglücklich und in einem Zustand des inneren Chaos, dann gib der Welt nicht die Schuld, denn sie ist nur eine Spiegelung deiner selbst. Das, was du selbst bist, das ist auch die Welt. Heile dich selbst, und die Welt wird heil werden.

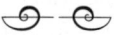

Du mußt deine Denkgewohnheiten auf den Kopf stellen. Steige in dich selbst hinab, mit freiem Geist, und sei dir deiner eigenen Göttlichkeit bewußt. Sei wie ein Spiegel, der das Sonnenlicht widerspiegelt.

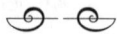

Meditiere im Trubel des täglichen Lebens, mitten in der Menschenmenge, während du die Straße entlanggehst. Dekonditioniere dich! Steige plötzlich in die Höhe und betrachte das Schauspiel der Welt wie einen ewig fließenden Strom, ohne Anfang und ohne Ende. Du bist im Zentrum von all dem, der einzige Fixpunkt, mit deinem Bewußtsein, deinen Empfindungen, deinen Reflexionen. So erneuert Meditation deine Energie und vermeidet den Überdruß.

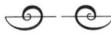

Meditieren, das heißt, sich vom bekannten Universum abwenden und in die Kulissen hinabsteigen, dorthin, wo der Geist die Fäden des Spiels zieht. Es bedeutet, wieder zum großen Maschinisten, dem Schöpfer des Universums zu werden.

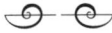

Die Meditation beginnt stets mit einer völligen Entspannung des Körpers, der Lösung von Verspannungen. Lerne zu atmen, also die gewohnheitsmäßig ablaufenden Mechanismen des Körpers wieder mit Leben zu erfüllen.

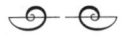

Wir haben nicht das geringste Selbstgewahrsein – das ist der Grund, warum uns der kleinste äußere Schock überrascht und erschreckt. Finde zurück zur Meisterung deines Inneren, ohne die Unschuld deines Blicks und die Güte des Herzens zu verlieren.

Die Meditation ermöglicht uns, unsere Energie zu sammeln und ihre Zerstreuung und Vergeudung zu vermeiden. Wenn du dein Denken auf die anderen ausrichtest, dann kannst du die Leidenden heilen, den Unglücklichen zu Hilfe kommen und ganz allgemein viel Gutes tun. Die Meditation offenbart die Macht des Geistes.

Willst du an einen bestimmten Ort gelangen und einen bestimmten Menschen treffen, dann kannst du dich der allmächtigen Kraft der Gedanken bedienen. Visualisiere den Ort, an den du gelangen willst, und sammle dabei deine Gefühle und deine Wünsche, ohne dich in vage Träumereien zu verlieren. Dabei darfst du deinen Geist nicht herumstreunen lassen, sondern mußt ihn im Gegenteil durch die Meditation in deiner inneren Mitte sammeln, ohne jemals das Gewahrsein des Augenblicks zu verlieren.

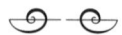

Versammle deine Gedanken in deiner inneren Mitte und laß sie nicht herumschweifen. Wenn du willst, daß deine Meditation zu einem wirklichen Werkzeug des Erwachens wird, dann visualisiere dieses Zentrum als die einzige Wirklichkeit, die es gibt.

Laß während der Meditation die vagabundierenden Ideen und Empfindungen einfach vorüberschweben, ohne sie festhalten zu wollen. Laß deinen Geist von der Leere durchdringen, und du wirst eine wunderbare Wärme und eine ungeheure Freude empfinden. Auf diese Weise wird die Distanz zwischen dir und der Welt schwinden. Du findest dich am Ort des Geistes, in dem alle Dinge versammelt sind. Von diesem Ort aus kannst du wirken – auf dich selbst und auf die Welt.

Entdecke die Tiefen der Meditation, und du wirst die Unmittelbarkeit der Welt erleben. Die Meister der Weisheit lehren, daß dieser Augenblick die einzige Wirklichkeit ist. Aus ihm werden das Universum und die Welten geboren.

Die Meditation gestattet es dir, wirklich deinen Platz einzunehmen, das Gleichgewicht und die Harmonie wiederzufinden. Sie ist der Königsweg zum Glück, der kürzeste Weg, denn sie vermeidet die schlechten Angewohnheiten der Außenwelt, das künstliche Getue, die Illusionen.

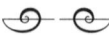

Konflikte, Haß und Gewalt entstehen aus einer Unkenntnis deiner selbst, einer Unkenntnis, die zu Schmerz und Verwirrung führt. Zweifle nicht an der dir eigenen inneren Herrlichkeit. Jedes Lebewesen ist ein strahlender Stern.

Die Meditation bringt dich deiner Mitte näher, sobald du nur die Augen schließt. Sie hat nichts mit dem Denkprozeß und auch nichts mit dem blendenden Spiel der Gefühle zu tun. Lerne, still zu werden, und dein Herz wird sich öffnen.

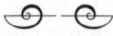

Betrachte deinen Geist als einen goldenen Tempel, der das ganze Universum enthält.

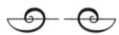

Lerne, auch mit offenen Augen zu meditieren. Richte deine Aufmerksamkeit auf die Schönheit einer Blume, das Rauschen der Wellen, den Klang des Windes. Laß den Abstand verschwinden, der dich von den Dingen trennt. Meditieren ist ein Akt der Liebe.

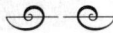

Jede gemeisterte Begierde entzündet eine neue Sonne.

Verändere den Blickwinkel, um Abstand zu gewinnen. Hüte dich vor Begierden, tritt einen Schritt zurück, indem du dich auf dich selbst besinnst.

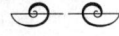

Selbstvertrauen

Wonach suchst du? Nach Glück, Liebe, Seelenfrieden. Suche nicht am anderen Ende der Welt danach, sonst wirst du enttäuscht, verbittert und verzweifelt zurückkehren. Suche am anderen Ende deiner selbst danach, in der Tiefe des Herzens.

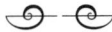

Sei nicht die Projektionsfläche für die Meinungen anderer. Bekräftige, was du bist, ohne einen Skandal zu fürchten.

Blicke in dich selbst hinein, hinter die Glaubensvorstellungen und übernommenen Wahrheiten. Verkleide dich nicht, um zu verführen. Wage es, direkt in die Sonne zu schauen. Deine Aufrichtigkeit wird allen deinen Handlungen Tiefe und Licht verleihen.

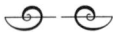

Vermeide es, Masken zu tragen. Akzeptiere die Konfrontation mit den anderen und bleibe dabei derjenige, der du bist.

Wer auf sein eigenes Herz hört, für den ist der einsame Weg ein Ort der Freude. Hinter der Bitterkeit wird er den Honig finden.

Höre einzig und allein auf dein Herz. Kehre zur Quelle zurück.

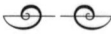

Gewöhnlich baut der Mensch sein Leben auf Sand. Er gibt sich mit Ideen zufrieden, mit Gedanken, mit angesammelten Glaubensvorstellungen aus zweiter Hand, die niemals durch eigene Erfahrung bestätigt wurden. Eine Persönlichkeit kannst du nicht aus Ideen und Gemeinplätzen zusammenschustern. Sie muß aus tieferen Quellen in dir hervorsprudeln. Bekräftige das, was du wirklich bist. Erhelle deinen eigenen Geist, und die Welt wird sich dir öffnen.

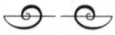

Das Selbstvertrauen setzt zwei Haltungen voraus, die gleichzeitig aktiv sein müssen: Klarheit und Leidenschaftlichkeit.

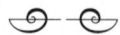

Sei gleichzeitig Handelnder und Beobachtender. Halte dich zur selben Zeit im Fluß und am Ufer auf.

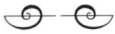

In der Begegnung mit anderen sollten wir unsere Begierden und Emotionen vollkommen meistern können. Auf diese Weise umgehen wir die Fallen, die wir uns selbst stellen.

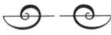

Nimm die anderen an, als seien sie ein Teil von dir, der dir selbst fehlt. Begnüge dich nicht mit einem Händedruck oder einer oberflächlichen Bemerkung. Engagiere dich in jeder deiner Beziehungen. Selbstvertrauen gestattet uns, den anderen zuzuhören, Liebe und Mitgefühl zu zeigen, ohne uns selbst aufzugeben.

Wähle in deinem Tagesablauf eine Stunde aus, in der du dich von den anderen zurückziehst. Nutze diese Zeit, um über deine Handlungen und Entscheidungen nachzudenken. Versuche jedesmal, deine wahren Beweggründe ausfindig zu machen. Bringe Licht in deinen eigenen Geist. Diese Vorgehensweise wird dein Selbstvertrauen stärken.

Indem du dich selbst erkennst, vermeidest du, dich eines Tages zu verlieren. Du wirst zu einem Licht für die anderen.

Selbstvertrauen beginnt mit Selbsterkenntnis. Sie steht am Anfang der Erleuchtung. Wenn du dich selbst verwirklichen willst, benötigst du als nächstes Disziplin. Du mußt viel über dich meditieren, um deine Handlungsweisen und deine Motivation zu durchleuchten; du mußt hinaufwandern bis zur Quelle, wo das Geheimnis des Lebens schlummert.

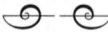

Erwache im Blick der anderen. Sie sind deine Quelle – auch sie.

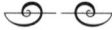

Suche nicht nach Ehrungen und Belohnungen, erwarte von den anderen keine Anerkennung und keinen Dank. In dir selbst findest du deine wirklichen Belohnungen – Frieden, Gelassenheit, Liebe für andere, Selbstachtung und das Gefühl der Heiligkeit des Lebens.

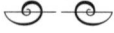

Handlungen, die durch Anhaften motiviert sind, beunruhigen den Geist und lassen Zweifel entstehen. Empfinde Sympathie für deine eigenen Schwächen, betrachte sie so, wie ein Erwachsener ein kleines Kind betrachtet, dann werden sie zu einer Stärke.

Visualisiere deinen eigenen Geist mit geschlossenen Augen in der Form einer mit Gold gefüllten Höhle und sage dir, daß dieser Reichtum unendlich, unerschöpflich ist.

Das Selbstvertrauen beginnt mit dem Erkennen der eigenen Fehler. Betrachte sie mit Mitgefühl, ohne dabei Gewissensbisse oder Scham zu empfinden.

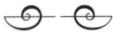

Die Meditation über dich selbst ist eine aktive Meditation. Du bist für jeden einzelnen deiner Gedanken selbst verantwortlich. Sie haben die Macht zu heilen oder zu zerstören.

Bist du glücklich, dann erstreckt sich dein Verdienst auch auf andere, und deine Freude läßt den Himmel erstrahlen. Ein stilles, entschlossenes Selbstvertrauen, von Anhaften frei und auf die Liebe gerichtet, trägt zum Glück der Welt bei.

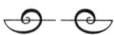

Lerne, das Leben zu genießen, jeden Morgen, vom Moment des Aufwachens an. Betrachte jeden neuen Tag wie ein Wunder, und du wirst das Geschenk der Freude empfangen.

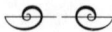

Alles, was man tun muß, um Erleuchtung zu erlangen, ist in der folgenden Aussage enthalten: »Bringe allen Verdienst und jeglichen Sieg anderen dar; akzeptiere jeden Verlust und alle Niederlagen als deine eigenen.«

Vermeide schädliche Handlungen und schädliches Denken. Wende dich jederzeit den anderen zu, auch wenn du innerlich meditierst.

Befreie dich! Laß dich von anderen lieben. Wir müssen alle zu leuchtenden Wesen werden.

Wenn du zu anderen gehst, dann nimm keinen Koffer voller schlechter Gedanken mit. Reinige dich selbst. Finde zur Einfachheit, zur Unschuld des Herzens zurück, wenn du dich an sie wendest. Heuchlerisch zu handeln bringt nur Unklarheit und Verwirrung.

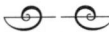

Betrüge niemanden, wer es auch sei. Aufrichtigkeit besteht darin, die Wahrheit liebevoll zu sagen, ohne verletzen zu wollen.

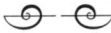

Selbstvertrauen ist keine Arroganz, keine dümmliche Selbstbehauptung, sondern eine gelassene, glückliche Gewißheit, frei von Furcht und Angst.

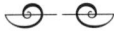

Eine Begabung ist ein Geschenk des Geistes, unterschätze sie nie! Lerne, sie unter dem Schutt deiner Irrtümer wiederzufinden – sie hat niemals aufgehört zu leuchten.

Die Aufrichtigkeit ist die verletzbare Form der Wahrheit. Sie wohnt gleich neben dem Herzen.

Nur im Spiegel der anderen kann man etwas für sich selbst lernen. Bist du allein, dann bist du zur Abgeschiedenheit, zur tödlichen Einsamkeit verdammt. Betrachte deine Freunde und Bekannten als Edelsteine in ebenjener Krone, zu der auch du gehörst. Diese Krone ist das Leben – geheimnisvoll und heilig.

Beurteile die Menschen nicht nach dem, was sie tun, denn Taten können uns irreführen, sondern nach dem, was sie innerlich sind und was durch ihr Tun sichtbar wird. Lerne, das Verhalten der anderen zu entziffern, und du wirst daraus etwas über dich selbst lernen. Weißt du die anderen klar zu beurteilen, dann beurteilst du dich selbst mit derselben Klarheit. Dein Blick wird zu einem Akt der Liebe und der Erleuchtung.

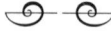

Vertrauen ist ein unbeweglicher Fels, um den die Leidenschaften, die Emotionen und die Ereignisse des Lebens kreisen. Geh auf die anderen zu, ohne diesen Ort der Mitte, den man die Insel des Herzens nennt, zu verlassen.

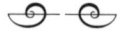

Das Leben ist ein Fluß. Auf den ersten Blick zeigt es sich nicht, aber wenn du es näher betrachtest, mit Augen, die sich kraft des starken Wunsches zu sehen endlich öffnen, dann wirst du sehen, daß sich alles in jedem Augenblick ändert.

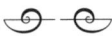

Renne gegen die Ereignisse nicht mit einem Gefühl der Furcht und der Aggression an. Passe dich ihrem Rhythmus an und reite auf ihnen. So lernt der Adept, auf dem Tiger zu reiten.

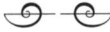

Selbstvertrauen setzt voraus, daß du das Leben respektierst. Dann wagst du nicht mehr, ein Tier oder eine Pflanze zu verletzen. Du wirst das Universum als ein verwundbares Lebewesen wahrnehmen, mit einem Gefühl der Liebe für alle Geschöpfe.

Selbsterkenntnis ist untrennbar verbunden mit dem Erkennen anderer. So kann man auch sich selbst nur lieben, wenn man andere liebt.

Du hast eine schlechte Meinung von dir selbst, weil du in die falsche Richtung siehst. Ändere den Blickwinkel.

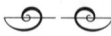

Die großen Verwandlungen vollziehen sich in kleinen Schritten. Setze jeden Tag einen Stein, verlasse den Bau nie, und das Gebäude wird wachsen. Kämpfe an gegen Zweifel und Trägheit. Halte deinen Geist stets wach. Beobachte, begreife und liebe!

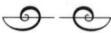

Löse dich von der Welt, ohne deine Wünsche aufzugeben. Halte dich auf Distanz zur Welt, ohne die Welt zu verlassen, sei mitten im Trubel und doch außerhalb des Trubels. Auf diese Weise nimmt man voll am Leben teil, ohne in seine Fallen zu tappen.

Sei immer frei und behalte doch deine innere Ausrichtung bei. Das Leben schenkt sich nur denen, die es wirklich begehren, ohne es zu ersticken oder besitzen zu wollen.

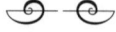

Ein heftiges, verzweifeltes Verlangen ist ein Verlangen nach Licht, ein abgewürgtes Glück, das leben will. Befreie dich von allen unnötigen Bürden, die dein Leben belasten. Widme dich dem Wesentlichen!

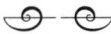

Bleibe nicht auf dich selbst zurückgezogen, verschlossen für die anderen; grüble nicht ständig über deine Probleme, deine Ängste, deine Obsessionen nach. Geh auf die anderen zu, wenn du selbst glücklich sein willst. Das Leben ist eine Flamme – es benötigt frische Luft, um brennen zu können.

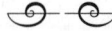

Selbstvertrauen setzt Vertrauen in die anderen voraus. Was immer du tust, du handelst niemals im luftleeren Raum. Wir sind alle durch subtile Ströme miteinander verbunden, durch Sympathie, Liebe, Freundschaft, Brüderlichkeit, geistiges oder körperliches Verlangen. All das ist immer nur dieselbe einzigartige Kraft, die alles erfüllt und die man LIEBE nennt.

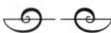

Verrate niemals das Vertrauen des anderen, denn er ist dir gleich. Du selbst bist es, den du verrätst, bitter enttäuschst, und so bringst du Verwirrung und Unklarheit in dein eigenes Leben.

Mut und Furcht

Jeder Sieg, den man über sich selbst erringt, ist wie ein Sonnenaufgang. Die Furcht und alle Befürchtungen hinter sich zu lassen, öffnet einen grenzenlosen Horizont.

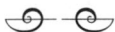

Erkenne, daß die Furcht vor den anderen vor allem die Furcht vor dir selbst ist. Ein Mensch, der Frieden gefunden, der seine Ängste überwunden hat, geht gelassen auf die anderen zu.

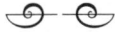

Laß deinen Geist ständig in der Freude des Augenblicks ruhen, und alle Furcht wird dahinschmelzen. Keine Nacht ist lang und dunkel genug, um das Aufsteigen der Morgenröte verhindern zu können.

Die Furcht nährt sich von der Unruhe deines Geistes. Beobachte deine Ängste, ohne einzugreifen, ohne zu versuchen, sie zu beherrschen oder gegen sie anzukämpfen, und sie werden verschwinden.

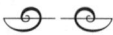

Lerne dich selbst kennen, leuchte die Schattenzonen deines eigenen Geistes aus, demontiere die Mechanismen des Denkens, die deine Handlungen und Reaktionen bestimmen, und die Furcht wird verschwinden.

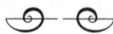

Die Angst existiert gar nicht. Sie hat keine Identität, keine persönliche Realität. Sie braucht dich, um leben zu können, deine Zweifel, deine Schwächen.

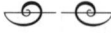

Eine der größten Schwierigkeiten besteht darin, die Heftigkeit der Emotionen zu meistern. Überlasse dich dem Leben, ohne dagegen anzukämpfen, aus freien Stücken, aber ohne es bloß über dich ergehen zu lassen.

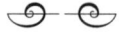

Die inneren Konflikte, die Begierden, die Gewissensbisse, machen uns zu heimgesuchten Wesen, die an ihre Leidenschaften gefesselt sind. Lerne, deinen Geist zur Ruhe kommen zu lassen, wenn du glücklich sein willst.

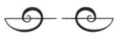

Die Angst scheut das Licht. Mache der Unruhe deines Geistes ein Ende, indem du dich selbst erleuchtest. Werde wieder zum Herrscher deines Königreiches!

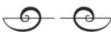

Um wachsen zu können, nährt die Angst sich aus den Widersprüchen deines Geistes, aus Konflikten und Unentschlossenheit. Ein zersplitterter Geist, der sich selbst nicht kennt, ist voller Feinde und Trugbilder. Willst du glücklich sein, dann mußt du dich zuerst mit deinem eigenen Herzen aussöhnen.

Die Kinder wissen, daß die Angst in der Dunkelheit lauert wie ein sprungbereiter Tiger. Helle deine Handlungen auf, deine Wünsche, deine Gedanken; richte den Scheinwerfer des Geistes darauf, und deine Angst wird sich verflüchtigen. Handle wie ein Kind, das das Licht anknipst, um die Geister zu verscheuchen.

Alle Furcht, alle Sorgen, alle Ängste sind nur Ausdruck einer viel tieferen Furcht – der vor dem Tode. Das ist die Große Furcht, die den Menschen seit unvordenklichen Zeiten quält. Lerne, jeden Tag aufs neue zu sterben, freudig, ohne die Liebe zum Leben zu verlieren, und deine Furcht wird besiegt sein.

Betrachte deine Ängste, freimütig, ohne dich ihrer zu schämen, wie exotische Tiere.

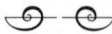

Werde zum Zuschauer deiner Furcht. Sie geht dich nichts an. Reiche ihr auch nicht einen kleinen Finger. Betrachte sie, ohne einzugreifen, losgelöst von dem Schauspiel.

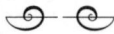

Finde zu einem präzisen Glauben zurück und zu einem unbändigen Verlangen zu handeln. Möge dein Leben zu einer Suche werden, auch wenn diese noch so unbeholfen ist. Der Wunsch, glücklich zu sein, auch auf dem Tiefpunkt des eigenen Unglücks, läßt einen Stern am Himmel aufleuchten.

Der verwirrte und von Furcht verzerrte Geist spiegelt das Chaos der Welt und ihre Widersprüche wider. Der von Furcht befreite Geist spiegelt die Harmonie der Welt wider, ihre Einheit, ihre Schönheit. Alles hängt davon ab, wie du dich selbst siehst.

Ändere dich, und die Welt wird sich verändern.

Willst du der Gewalt ein Ende machen, dann betrachte die Welt als ein einziges Lebewesen.

Die Wut ist eine sichtbare Form der Furcht. Wenn wir wütend werden, dann haben wir uns von der Furcht überrumpeln lassen.

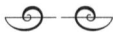

Du willst wirklich frei sein? Dann finde zur Klarheit des Herzens zurück und entzünde die Leuchte deines Geistes.

Willst du die Angst verjagen, dann öffne Türen und Fenster deines Inneren, laß das Licht herein und laß es in alle dunklen Ecken leuchten. Analysiere, sieh genau hin, beobachte, entziehe allen Konfliktmöglichkeiten den Boden, indem du einen ruhigen, völlig gesammelten Geist bewahrst. Finde zur Kühnheit und Klarheit des Kriegers zurück: Steige in dich selbst hinab und schneide dort die Wurzeln der Angst ab.

Mut verlangt nicht, daß man großartige, spektakuläre Heldentaten vor aller Welt zur Schau stellt, sondern daß man den unsichtbaren Krieg in sich selbst führt. Dieser Mut bewährt sich jeden Tag, in den alltäglichen Handlungen, im Kampf gegen die eigenen Gewohnheiten, gegen die Lügen, gegen das Sich-Arrangieren, gegen die Kompromisse, die den Geist verdunkeln und seine Befreiung verhindern.

Die Liebe verlangt den größten Mut, denn sie erfordert Verwundbarkeit und jenes Loslassen, das die totale Hingabe des Selbst darstellt.

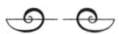

Kontempliere deine positive Natur unter der Maske der Furcht und der Sorgen. Lerne, dich selbst zu lieben, dich selbst zu bewundern jenseits deiner Schwächen. Finde die Liebe zu dir selbst wieder und laß sie den anderen zuteil werden.

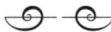

Ermutige nicht deine Schwächen, sondern deinen Willen. Nähre nicht dein Zaudern, sondern deinen Wagemut. Nimm dir jeden Morgen vor, ein Hindernis zu überwinden, eine Gewohnheit zu durchbrechen, eine andere Perspektive zu gewinnen. Schaffe dir Herausforderungen und habe den Mut, sie anzunehmen. Lerne, dein Leben mit Blumen zu schmücken.

Finde im Angesicht einer Krankheit den Wagemut und die Unschuld der Entdecker wieder. Fülle dich an mit Stolz und Selbstsicherheit, damit dein Glaube unversehrt wird wie der des Kindes, das voller Selbstvergessenheit spielt. Lerne, Vertrauen zu haben, und du wirst erhört werden. Die Heilung, das Zurückweichen der Krankheit hängt sehr oft von einer bestimmten Geisteshaltung ab.

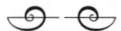

Gewöhne dich nicht ans Verlieren wie jemand, der als junger Mensch schon ein Greis ist und alle seine Illusionen verloren hat. Dieses Gefühl läßt die Seele verdorren und bringt uns dem Tod näher.

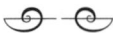

Beobachte die Natur um dich herum, die Insekten, die Pflanzen, nicht wie ein statisches Schauspiel, sondern wie einen Strudel schöpferischer Kräfte. Schließe die Augen und sieh dich selbst als das Zentrum dieses Strudels. So müssen dein Herz und das Herz der Welt eins werden. In dieser Vereinigung findest du wunderbare Weisheit.

Mut erfordert eine unmittelbare Antwort und läßt keinen Raum für Überlegungen und Zaudern. Es gilt, vorher zu überlegen. Dann kommt der Moment, wo du handeln und dich vertrauensvoll hingeben mußt.

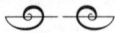

Habe keine Angst vor deinen Schwächen und deinen schlechten Gedanken. Sie sind dazu da, um deinen Willen zuzuspitzen, dein Verlangen zu besiegen.

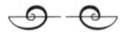

Du hängst zu sehr an dir selbst, und dieses Anhaften gebiert Furcht, Aggressivität, das Bedürfnis, sich zu verschließen und zu verstellen. Löse dich von falschen Vorstellungen von dir selbst. Lerne loszulassen, ohne deine tiefe Natur zu verlieren. Gib niemals die Insel des Herzens auf.

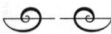

Fürchte keine schweren Prüfungen, keinen Verdruß und keine Entmutigung. Erst wenn du ganz unten angekommen bist, kannst du zu den Sternen aufschauen.

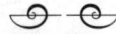

Die Macht des Geistes

Willst du um die Mysterien des Lebens und des Todes wissen, dann lerne die Macht deines Geistes kennen. Öffne deine Augen für das Innen. Der Schlüssel liegt in dir.

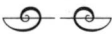

Dein Geist bietet dir grenzenlose schöpferische Freiheit. Werde wieder zum Schöpfer.

Wir leben in einem Ozean der Schwingungen, Farben und Bilder. Die sichtbare Welt ist nur ein Aspekt, ein Bild, ein Moment der Großen Bewegung – wie eine Welle des Meeres oder ein Faltenwurf im unendlichen Gewebe des Gewandes. Es gibt nicht nur eine Welt, sondern eine Vielzahl von Welten.

Lerne, mit den Augen des Geistes das Innere der Dinge zu sehen. Gib dich nicht mit der oberflächlichen Realität der Dinge zufrieden. Diese Mauer ist keine Mauer …, sondern eine Ansammlung von Molekülen, die mit wahnsinniger Geschwindigkeit umherwirbeln; sie ist ein Mosaik von Schwingungen, die sich verschieben, drehen, sich ohne Unterlaß wandeln.

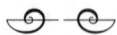

Die folgende Art zu sehen enthüllt die Kräfte des Geistes: Meditiere über die gewöhnlichsten Objekte, um ihr Geheimnis zu begreifen. Dieser Tisch, auf den du dich stützt, enthält Myriaden Universen. Er besitzt keine Festigkeit. Es genügt, das Objektiv eines Mikroskops auf das Holz des Tisches zu richten, um die Welt auf andere Weise aufzufassen. Das Auge taucht in die Unendlichkeit hinab, ohne jemals an ein Ende zu kommen.

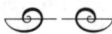

Das unendlich Kleine ist ebenso riesig wie das unendlich Große. Überdies gibt es keine Grenze zwischen den beiden. Die einzige Grenze sind wir selbst, unsere Art zu empfinden, aufzunehmen.

Die Materie lebt. Es existieren Mikro-Welten. Überall in der Dichte der Materie gibt es Taschen anderer Realitäten. Lerne, die anderen Welten zu sehen.

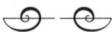

Wenn die Welt dich langweilt, dann wechsle die Welt.

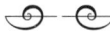

In eine andere Welt überwechseln heißt sein Bewußtsein verändern.

Hinter der Erscheinung der Dinge gibt es Wege, Übergänge, die in andere Welten, in andere Universen führen – das heißt auf andere Ebenen der Wirklichkeit. Du kannst mit Hilfe der Meditation, also durch Sammlung des Geistes, in ein Bild oder ein Musikstück eintreten.

Wir besitzen eine Vielzahl von Körpern, aber wir sind uns nur des materiellen Körpers bewußt. Du kannst den Ort wechseln, von Körper zu Körper gehen. Es ist, als wohntest du in einem Zimmer eines Wohnhauses mit 50 Etagen, ohne zu wissen, daß es möglich ist, eine Tür zu öffnen und die anderen Räume, die anderen Stockwerke zu erkunden. Finde wieder zu wirklichem Gewahrsein deiner selbst. Erforsche deine Träume, deine Wünsche, deine Empfindungen, bis dir schwindlig wird.

Wir müssen verlernen und auf andere Weise erfahren. Am Rande deiner Wahrnehmungen existiert eine Vielzahl von Lebensformen, die ein Leben parallel zu dem deinen führen. Akzeptiere das Wunder der anderen Welten als eine Realität, die genauso wirklich und genauso flüchtig ist wie deine alltägliche Realität.

Betrachte die Welt von der Warte des Geistes aus, und du wirst erleben, wie sie sich öffnet, wie sie vielfältigere und reichere Facetten gewinnt. Ihre Tiefe ist grenzenlos. Schau die Welt mit den Augen des Magiers an, und sie wird dir mit Verzauberung antworten und dir Liebe schenken.

ALLES EXISTIERT. Die Meditation öffnet die Pforte, zerreißt die Bänder und Knebel, macht die Türen und Fenster wieder durchlässig, zeigt uns andere Landschaften und sagt uns: »Ihr seid schon dort. Also bewegt euch! Ihr seid frei. Ihr bewohnt all diese Welten!«

Es gibt eine tiefe Ebene der Meditation, auf der die Unterschiede und Entfernungen in einem einzigen Strömen verschmelzen. Im Zustand der Liebe, der völligen Einheit, brodeln und tanzen sie, leben sie das Lodern der Universen IN EINEM EINZIGEN RHYTHMUS.

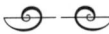

Unser Leben auf der Erde verläuft schnell oder langsam … alles hängt vom Beobachter ab. Nach dem Maßstab des Universums sind wir bereits tot. Wenn wir noch hier sind, dann nur, weil wir eine Wahrnehmung haben, die der Entwicklung der Dinge hinterherhinkt.

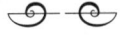

Willst du die Kräfte des Geistes wecken, dann begreife, daß es weder Vergangenheit noch Zukunft gibt. Das Universum lebt und bekundet sich im ewigen Augenblick. Du brauchst ein drittes Ohr, um das zu hören, ein drittes Auge, um das zu sehen.

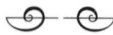

Benutze die Macht der Visualisierungen. Die Form, das Bild, über das du meditierst, wird Realität. Du kannst die unendlichen Spielarten des Universums erkunden. Alles hängt davon ab, welche Art von Welt du erscheinen lassen willst. Dies ist ein intensives, hypnotisches Spiel, das uns weit reisen läßt, ohne daß wir den AUGENBLICK verlassen.

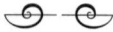

Schule deinen Geist, anders zu sehen. Dann wird dir die Großartigkeit des Universums geschenkt, und die Sonne geht dir nie mehr unter.

Gewinne eine andere Sicht der Welt. Sieh die Dinge auf andere Weise an.

Stelle keinen Gegensatz zwischen dem Sichtbaren und dem Unsichtbaren, der materiellen Welt und der Welt des Geistes her. Das wäre, als wolltest du behaupten, das Eis sei kein Wasser.

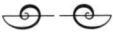

Begreife, daß die Form nur eine Illusion ist. Wir isolieren die Formen, wir können sie bestimmen und sie benennen, ohne zu wissen, daß sie nur Sequenzen eines ewigen Rhythmus sind wie die Bewegung der ständig sich ändernden Wellen.

Im Augenblick leben

Die Schwierigkeit besteht nicht darin, besonnen zu sein, sondern an die Besonnenheit zu denken. Beginne damit, daß du jede Gelegenheit ergreifst, die sich bietet. Ist man guten Willens, stets besonnen zu sein, dann wird es zur Gewohnheit, sich spontan zu besinnen.

Es gibt weder Vergangenheit noch Zukunft. Was immer du tust, du tust es immer hier und jetzt. Der Augenblick ist der einzige Ort der Erfahrung, an dem du das Leben packen, erleben, spüren kannst. Vergangenheit und Zukunft sind nichts als Traumgebilde, und sie sind so ungreifbar wie Nebelschwaden. Lerne, aus dem Augenblick heraus zu handeln, wenn du dein Leben ändern willst.

Der Augenblick ist grenzenlos. Könnten wir ihn völlig leben, dann wüßten wir, was die Ewigkeit ist, denn die Gegenwart ist ewig.

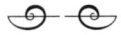

Die innere Seele gibt dir die Macht, im Geist kilometerweit entfernt zu sein, selbst wenn du dich mitten in einer Menschenmenge befindest. Sie besitzt die edelste und seltenste Art der Unabhängigkeit.

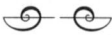

Du kannst den Augenblick als Pforte benutzen und in der Zeit reisen. Alles ist möglich. Sich im Alter von fünf Jahren in einem Kinderzimmer oder auf einem Schulhof wiederfinden – das ist nicht nur eine vage, nostalgische Träumerei. Du bist wirklich in diesem Kinderzimmer, in dieser Schule, in der Gegenwart dieser Epoche. Das ist das Geheimnis des Augenblicks, der goldene Schlüssel, der alle Türen öffnet: Alles geschieht am selben Ort, zur selben Zeit, im selben Moment. Wir sind wirklich dort – und dort ist hier.

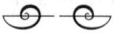

Die Tibeter stellen den Augenblick als eine kreiselnde Leere im Zentrum des Rads von Leben und Tod dar. Er ist die Nabe des Rads. Dieser Seinszustand verschwindet nie. Er ist das Dauernde, das Fundament, und dennoch ist er ständig in Bewegung, ohne jemals seine strahlende Unbeweglichkeit zu verändern.

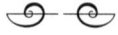

Wir kommen aus dem *Hier*, und dieses *Hier* bewegt sich nie!

Wo werden wir in einer Million Jahren sein? In einer Million Jahren wird sich alles verändert haben. Die gesamte Geschichte geht immer wieder durch den gleichen Punkt hindurch, und das ist der Augenblick. Wir kehren immer wieder, nicht vorher oder nachher, sondern im Augenblick, der das geheimnisvolle Land im Zentrum des Seins ist.

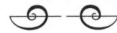

Lerne, den Augenblick zu ergreifen! Schleiche dich nicht davon, fliehe nicht in die Wahngebilde der Vergangenheit oder der Zukunft. Sammle deinen Geist, dort, wo du bist, mit einem für den Augenblick geschärften Bewußtsein. Dort ist es, wo wir sind. Es gibt keinen anderen Ort als hier.

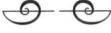

Befreie dich von der Vergangenheit und der Zukunft, aber richte deine Aufmerksamkeit auf den Augenblick, der vergeht. Nur er ist wirklich. Alles andere sind Wahngebilde.

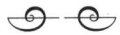

Wie viele Jahre hast du verschwendet mit deiner Flucht in leere Träume? Das Glück wartet nicht. Es schenkt sich hier und jetzt.

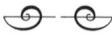

Sei *jetzt* glücklich! Es gibt keinen anderen Ort zum Lieben.

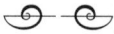

Du beklagst dich über das Unverständnis der anderen, über Einsamkeit und Lieblosigkeit. Bilde dir nicht ein, daß morgen alles besser sein wird. »Morgen« ist nur eine Vorstellung des Geistes; es ist nicht wirklicher als ein Traum. Lerne, den Augenblick beim Schopf zu packen. Alle Antworten sind dir bereits gegeben, in jedem Augenblick, der kommt. Gib dich nicht damit zufrieden, am Ufer zu sitzen und das Wasser fließen zu sehen. Bade in diesem Fluß!

Um den vorbeikommenden Augenblick zu erfassen, brauchst du nur dein Herz zu öffnen.

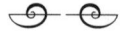

Bilde dir nicht ein, daß morgen günstige Umstände eintreten werden, die dein Leben verändern. Das Morgen kommt niemals dem zu Hilfe, der leidet. Es gibt keine andere Wirklichkeit als das Jetzt.

Alles beginnt heute.

Warte nicht auf morgen. Nutze den Augenblick, um deine Probleme mit anderen zu regeln. Schrumpfe nicht auf deine Träume und deine Enttäuschungen zusammen. Lerne, im Augenblick zu geben, ohne zu warten.

Willst du deine Furcht vor der Zeit und dem Tod auslöschen, dann stell dir das Leben als einen Kreis ohne Anfang und Ende vor. Betrachte den gegenwärtigen Augenblick als den Punkt, der *zur gleichen Zeit* Anfang und Ende markiert.

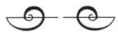

Der spirituelle Krieger verläßt niemals den gegenwärtigen Augenblick. Für ihn wird der gegenwärtige Moment zur Ewigkeit. Er ist der ursprüngliche Zustand der Welt. Ihre Herrlichkeit. Ihre Quelle.

Den gegenwärtigen Augenblick zu leben verlangt große Aufmerksamkeit für die kleinsten Dinge. Sei verfügbar, unbelastet von deinen Vorurteilen, deinen Glaubensvorstellungen. Finde zurück zur Unschuld des Blicks, zum Willen des Diamanten in deinem Herzen. Dann wird der Augenblick nie mehr vergehen. Er wird dich in seinem Licht bewahren.

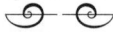

In Übereinstimmung mit dem Leben leben, das beschränkt sich nicht darauf, starren Vorschriften und Geboten zu folgen, die das Herz ersticken und den Leidenschaften gewaltsam Fesseln anlegen. Das ist eine falsche Vorstellung von spiritueller Disziplin. Lerne, auf das Brausen des Windes zu hören, auf den Herzschlag der Sekunde, die verstreicht. Werde wieder zum Kind, das vom Leben überrascht wird, und das Leben wird dich mit seinen Wohltaten überschütten.

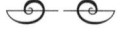

Wenn wir uns darin üben, unbeweglich zu sitzen, unsere Aufmerksamkeit auf uns selbst gerichtet, dann versöhnen wir uns mit dem gegenwärtigen Augenblick. Auf diese Weise werden wir fähig, auf uns selbst einzuwirken und den anderen zu helfen.

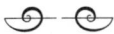

Die Übung der sitzenden Meditation hält die ungeordneten Bewegungen der Welt an. Sie erlaubt uns, den Augenblick in seiner ganzen Tiefe zu erfahren.

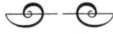

Eine einmal gelebte starke, intensive Erfahrung gehört nicht der Vergangenheit an. Sie lebt in jedem Augenblick in dir. Sie verläßt den Augenblick niemals.

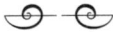

Alles entsteht hier und jetzt. Betrachte den Augenblick als einen reinen Edelstein, von dem alles ausstrahlt. Es gibt keinen anderen Ort als den Augenblick. In der Erfahrung des Augenblicks sind wir wirklich dort, und dort ist immer hier.

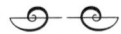

Das, was wir für die Realität halten, ist nicht einmal im Universum stabil. Nach jeder Sekunde, die verstreicht, ist die Welt schon nicht mehr dieselbe. Wirbel, Emotionen, Atome, Moleküle … alles ist in Bewegung, alles verändert sich.

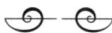

Es gibt keinen Gegensatz von Nacht und Tag, Vergangenheit und Zukunft. Die Sonne und der Mond scheinen zur gleichen Zeit.

Verschiebe nicht auf morgen, was du heute leben kannst. Jeder vergangene Augenblick, den du nicht zu ergreifen verstanden hast, ist ein verlorener Augenblick.

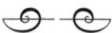

Man spricht von den Mächtigen der Welt. Wir alle sind Mächtige. Die Schätze des Universums gehören uns, und wir können die anderen damit beschenken.

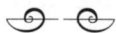

Wenn wir lauthals diskutieren und uns von den Worten hinreißen lassen, dann erstickt der Ansturm der Worte alles, und wir hören den Sturzbach nicht, der, ganz nahe, das Herz des Felsens aushöhlt. Das Wesentliche ist innen. Benutze deine Augen vor allem, um in dich selbst hineinzusehen. Dringe ein in die Kunst, geschehen zu lassen, was geschieht, und finde im ständigen Entgleiten der Dinge in dir selbst den einzigen Fixpunkt.

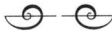

Sich verlieren, das heißt nicht, sich selbst zu entfliehen, sich von sich selbst zu lösen, sondern wie ein Galeerensklave an sich selbst gefesselt zu sein und sich zusammen in ständiger Konfrontation wiederzufinden.

Alles, was geschehen ist, existiert nicht mehr und wird zur Erinnerung. Alles, was noch geschehen wird, existiert noch nicht. Der einzige wirkliche Raum, in dem du die Erfahrung des Lebens machen kannst, ist das, was wir die Gegenwart nennen. Es gibt keine anderen Realitäten.

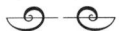

Meditiere über die folgende Betrachtung, die es dir erlaubt, das Geheimnis des Augenblicks zu erfassen:

»Ich bin die Brücke und, o Wunder: Es ist gar nicht der Fluß, der fließt, es ist die Brücke, die sich über dem Sturzbach vorwärtsbewegt!«

Die Brücke ist der Augenblick, von dem aus du die Welt erfährst. Der Augenblick vergeht nicht. Er verlagert sich. Er ist Teil des ewigen Fließens.

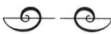

Seine eigenen Schattenseiten sehen, das heißt ein großes Licht besitzen.

Man erschafft seine Zukunft nicht, indem man vom Kommenden träumt, sondern indem man seine Wünsche und sein Wollen auf den gegenwärtigen Augenblick konzentriert. Es gibt keinen anderen Weg. Der gegenwärtige Augenblick ist die Quelle aller Dinge. Er ist das Herz der Welt.

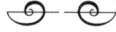

Streß und Erschöpfung entstehen in deinem eigenen Geist, der umherstreunt und sich Phantasiespielen hingibt. Dein Denken ist immer auf das Bedauern über Vergangenes oder auf Bilder einer idealen Zukunft ausgerichtet. Aber das sind nur Trugbilder, die zu nichts anderem führen als zu Leid und Einsamkeit, weil sie in Dimensionen angesiedelt sind, die gar nicht existieren. Nur die Gegenwart ist wirklich. Sie ist deine Lebenskraft, aus der heraus du etwas unternehmen, aufbauen und dein Leben verwirklichen kannst.

Lerne, den gegenwärtigen Augenblick mit deinem Körper und deinen Wünschen zu leben.

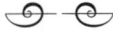

Wenn du jemandem begegnest, dann gib dich nicht damit zufrieden, oberflächliche Momente zu erleben. Fühle dich in sein Inneres hinein, und wenn es dir gefällt, dann lerne in den Träumen und Wünschen dieses Menschen zu reisen. Verwechsle den gegenwärtigen Augenblick nicht mit den alltäglichen Momenten, die man glaubt … mit einer Uhr messen zu können.

Die Gegenwart wird ihre Tiefe offenbaren, wenn du die Welt der Oberflächen aufgibst. Gehe als nächstes über dein Begehren hinaus und suche jene Vereinigung, die die gesegnete Leere selbst ist, in der die Begegnung stattfindet.

Ändere deine Art zu empfinden, und du wirst sehen, daß der gegenwärtige Augenblick unendlich ist.

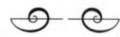

Betrachte den Augenblick als deine einzige Sicherheit. Lerne, seine Reichtümer zu entdecken, die ihm innewohnenden Möglichkeiten. Er enthält alles. Aus ihm werden die Vergangenheit und die Zukunft geboren. Er ist das Herz deines eigenen Herzens.

Wenn man aus dem gegenwärtigen Augenblick heraus handelt, dann behält unser Handeln sein Ziel und seinen Zweck klar im Blick. Wie der von einem sicheren Auge abgeschossene Pfeil trifft es ins Schwarze. Wer den gegenwärtigen Augenblick lebt, der kennt kein Scheitern.

Die Liebe verlangt eine Antwort – in jedem einzelnen Augenblick.

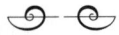

Die Einfachheit ist der Schlüssel zum Augenblick. Sie verschafft dir Zugang zu den wunderbarsten Reichtümern.

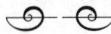

Auch die Dinge, die man nicht sieht, haben ihr Licht.

Krankheit und Tod

Hüte dich vor negativen Gedanken, denn sie greifen Körper und Geist an. Sie sind die ersten Symptome des Übels. Heile deinen Geist, wenn du deinen Körper heilen willst. Schule dich in positivem Denken, selbst in den Prüfungen deines Lebens.

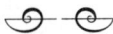

Lasse die Krankheit kein Land gewinnen. Baue um dich herum glückliche Gedanken wie Verteidigungswälle auf.

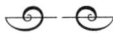

Das Auftreten einer Krankheit hängt immer mit einem Mangel an Vertrauen, mit einem Schwachwerden des Geistes zusammen. Ihr kommen Ängste, Zweifel und Verwirrung gerade recht. Überlasse ihr nicht die Herrschaft über deine Seele und deinen Körper. Betrachte sie als einen heimtückischen und hinterlistigen äußeren Feind, der getarnt vormarschiert und die Dunkelheit nutzt, um anzugreifen.

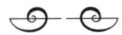

Die Krankheit kann dem gleißenden Licht des Geistes keinen Widerstand leisten. Kultiviere das Gefühl der Liebe, der Schönheit und des Mitgefühls, um deinen Körper und deinen Geist zu reinigen, das Zerbrochene zu reparieren, die negativen Kräfte zu eliminieren und die Harmonie wiederzuerlangen.

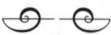

Sei dir bewußt, daß jeder schlechte Gedanke deine Entschlossenheit mindert, deine Willenskraft schwächt, eine Bresche öffnet und der Krankheit den Boden bereitet.

Dies ist das Geheimnis der Krankheit: Sie profitiert von einem Mangel an Wachsamkeit, einer Trübung des Geistes, der Abwesenheit des Lichts, um in den Körper einzufallen.

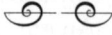

Die negativen Gedanken, die Angst, der Zweifel sind die taktischen Verbündeten der Krankheit. Lerne, sie zu bekämpfen! Setze ihnen Vertrauen entgegen, die Gewißheit und die Liebe des Lebens. Vergiß nie, daß die Liebe der größte Heiler ist.

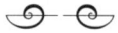

Die Krankheit stellt sich dir auf deinem Weg entgegen wie eine steile Felswand, wie ein Gipfel, den es zu erstürmen gilt. Darum sei nicht passiv. In dir schlummern neue, ungeahnte Kräfte. Um zur Heilung beizutragen, bitte deinen innersten Geist um Hilfe, die unerschöpfliche, unendliche Quelle aller Weisheit.

Wenn du leidest, dann meditiere tief über dein Leiden. Lokalisiere es. Versuche es außerhalb deines Körpers zu spüren, indem du dein Bewußtsein verlagerst. Werde zum aufmerksamen Beobachter und löse dich von dem Schauspiel, als hätte derjenige, der leidet, nichts mit dir zu tun – und dann trenne dich davon.

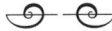

Betrachte das Leiden als eine in dein Fleisch geschriebene Botschaft. Es hat keinen anderen Zweck, kein anderes Ziel als deine Vervollkommnung, deine persönliche Verwirklichung. Lerne, die Botschaft zu lesen, und dann wirf das Buch weg. Hinter dem Leiden ist die strahlende, funkelnde Leere, ohne die es keine Freiheit gibt.

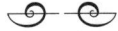

Willst du glücklich leben, dann lerne über deinen eigenen Tod zu meditieren. Er ist nicht das Ende des Lebens, sondern der Beginn einer neuen Geburt. Der Tod ist eine Pforte.

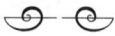

Ergreife die Hand eines Sterbenden, laß ihn im Augenblick des Todes nicht allein – begleite ihn bei seinem schwierigen Übergang.

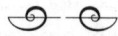

Es ist niemals zu spät, Sterbenden Worte der Weisheit zu übermitteln.

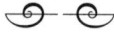

Die Liebe stößt den Tod nicht zurück. Sie verlangt, daß man sich wirklich schenkt, brüderlich am Tod des anderen Anteil nimmt. Spricht man jeden Tag mit einem Menschen im Koma, so kann ihm das helfen zu sterben. Es entsteht eine telepathische Beziehung von Herz zu Herz, die es möglich macht, die Schwierigkeiten des Übergangs zu meistern.

Betrachte den Tod nicht durch die verzerrende Brille von Glaubenssätzen, Zwangsvorstellungen oder des Aberglaubens. Es fällt uns schwer zu begreifen, daß wir im Moment des Todes im Augenblick ankommen und daß es keinen anderen Augenblick in der ganzen Welt gibt. Durch den Tod treten wir aus der Zeit heraus.

Begreife, daß es weder einen Anfang noch ein Ende der Welt gibt. Es gibt keine Evolution und keinen Fortschritt im Laufe der Zeit. Das ist eine falsche Sichtweise. Das Universum ist augenblicklich. Es verläßt niemals den Augenblick. *Wir verlassen niemals den Augenblick.*

Was ist das Unveränderliche, das wir im Tod wiederfinden? Das Leuchten des Seins, die Sonne des Ursprungs. Solange du den Tod nicht annimmst, bleibst du unvollendet, deiner tiefsten Natur, deines ewigen Bewußtseins beraubt. Die Lebensangst und die Todesangst machen das Glück unmöglich.

Es ist nie zu spät, das Sterben zu lernen.

Du mußt wissen, daß der Tod für die Eltern und Freunde, die dem Sterbenden beistehen, nur einige Sekunden dauert. Für den Sterbenden jedoch dauert die Reise mehrere Leben, die er in realer Zeit durchlebt. In diesen Leben kann er jenen wiederbegegnen, die er liebt, zwar in einer anderen Form, doch er weiß sie wiederzuerkennen. Er wird noch viele Male sterben und immer wieder auferstehen bis zu diesem geheimnisvollen Klaren Licht, das manche »Gott« nennen und das die leere und ewige Substanz des Universums ist.

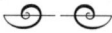

Befreie dich von allem Aberglauben, der deinen Geist versperrt. Einmal gestorben, kehrt man weder im Körper eines Tieres wieder, um so eine schwere Strafe abzubüßen, noch im Körper eines Weisen oder Erleuchteten, wenn man ein tugendhaftes Leben geführt hat.

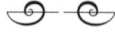

Empfange den Tod wie einen Freund, und das Leben wird sich dir in all seiner Herrlichkeit offenbaren. Alle deine Ängste werden verschwinden. Von nun an kannst du ohne Furcht und ohne Aggression leben, kannst schlafen wie ein Kind, dich von den Spannungen der Welt befreien, dich der Freude öffnen und Zugang zu höheren Ebenen der Existenz finden.

Die aufeinanderfolgenden Phasen des Todes sind alle auch Phasen des Beginns des Lebens. Daher ist das Todestrauma so untrennbar mit dem Geburtstrauma verbunden, und daher sprechen die Mystiker und Erleuchteten von einer »Neugeburt«. Sie ahnen, daß der Ursprung und das Ende im *Augenblick* des Todes miteinander verschmelzen.

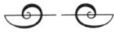

Der Tod ist nicht das Ende des Lebens. Er öffnet sich in jedem einzelnen Augenblick in uns. In uns hat er seine Wurzeln. Benutze die Meditation, um ihm zu begegnen und dich mit ihm anzufreunden.

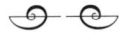

Habe keine Angst vor dem Tod. Als Jäger des Todes wissen wir, wo wir ihn aufstöbern müssen: im Augenblick. Im Herzen des Augenblicks, in seinem Zentrum. Er ist wie die goldene Perle, die sich nach Ansicht der Alten im Zentrum der Welt befindet. Sein wirklicher Ort ist in dir; du begegnest ihm nirgendwo anders als in dir selbst.

Die Meister der Weisheit lehren, daß der Tod und die Geburt eine einzige Pforte sind, die sich niemals schließt. Den Tod, so wie wir ihn uns vorstellen, gibt es nicht.

Begreife, daß der göttliche Zustand nicht nur der Zustand nach dem Tode ist … es ist auch der vor der Geburt. Es ist *dasselbe*. Dieselbe offene Präsenz, die niemals verschwindet, die wir in Form eines Schwindels, eines Abgrunds in uns tragen.

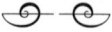

Woher kommen wir? Wenn wir darauf antworten können, dann wissen wir auch, wohin wir gehen – ans letzte Ende der Existenz.

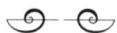

Die Kraft des Erwachens: Manche vergessen im Tod, andere erinnern sich.

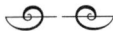

Sei jeden Tag auf den Tod gefaßt, damit du, wenn seine Stunde gekommen ist, in Frieden sterben kannst. Lerne jeden Tag, in Gedanken zu sterben, und du wirst den Tod nicht mehr fürchten.

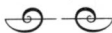

Das Reich des Todes beginnt nicht nach dem Leben. Es ist gleichzeitig vorher und nachher, oben und unten. Lerne, auf andere Weise zu *sehen*.

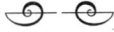

Der Tod gibt dir ständig Zeichen: Träume, Alpträume, Begegnungen, Visionen. Lerne, sie zu entziffern. Auf diese Weise lernst du ihn kennen. Zähme den Tod, und seine Bitterkeit wird sich in Süße verwandeln.

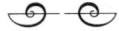

Der Tod ist nicht vom Leben getrennt. Betrachte das Leben und den Tod als die Fülle und die Leere ein und desselben Dings.

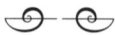

Es gibt nicht die Welt der Lebenden und, am anderen Ufer, die Welt der Toten. Letztere ist genau derselbe Seinszustand, den wir nur vergessen, zu dem wir keinen Zugang mehr haben. Der Tod führt uns zur ewigen Gegenwart der Welt zurück, zu ihrem Anfang, der niemals endet.

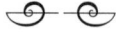

Begegne der Krankheit trotz deiner Beunruhigung mit Klarheit, und sie wird dir viel über dich selbst beibringen.

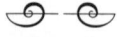

Der Tod existiert nicht. Den Tod besiegen, heißt die Welt wechseln und sich auf die Reise machen.

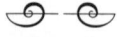

Der Tod führt uns in die ewige Gegenwart der Welt zurück, welche die Tibeter das Klare Licht nennen, in ihren Anfang, der nie ein Ende nimmt.

Im Tod finden wir uns im Herzen unserer selbst, aber zur gleichen Zeit – und das ist genau dasselbe – im Herzen des Universums.

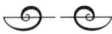

Meditiere über die folgende Betrachtung: Alles geschieht am selben Ort, zur selben Zeit, im selben Augenblick – die Geburt und der Tod.

Warte nicht bis zum Augenblick des Todes, um ihn kennenzulernen – dann wird es zu spät sein.

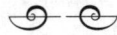

Das Annehmen

Die Wechselfälle des Lebens sind nicht deine Widersacher, sondern deine Verbündeten. Lerne, sie anzunehmen, auch wenn du sie als störend empfindest. Das Annehmen ist die höchste Form der Liebe. Es ist das endgültige »Ja« zur geheiligten Erfahrung des Lebens.

Bestätige die Welt in deinen Gedanken und Handlungen auf positive Weise. Betrachte die gesamte Schöpfung mit Respekt und Staunen.

Der physische Körper ist ein unschätzbares Geschenk, das du behüten und respektieren solltest. In der Lehre des Vajrayāna nennt man ihn den »kostbaren Körper«. Werde dir des Wunders deiner eigenen Existenz bewußt!

Frage dich selbst: »Wie kann ich anderen beistehen?« Erlange wieder die Gabe der Aufmerksamkeit und der Zuneigung. Dann werden die anderen mit dir wachsen, und du wirst die Freude eines übervollen Herzens kennenlernen.

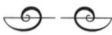

Gib dich ganz der Liebe hin, selbst wenn du ihr geheimnisvolles Ziel nicht kennst. Sie wird dich lehren, worin die ursprüngliche Güte der Existenz besteht. Sie wird dich von der Furcht befreien und die Sonne in deinem gesamten Handeln strahlen lassen.

Wer seinen Platz gefunden hat, der ähnelt einem Baum: Er schlägt Wurzeln und streift nicht mehr umher.

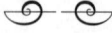

Wenn du unterwegs bist, überlaß dich ganz der Straße, mit ruhigem Geist, ohne Anspannung und Aufregung. Die Wanderung ist erholsam; nutze sie als Meditation.

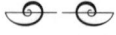

Dies ist das Glück des Nomaden: Wer unterwegs ist, der verwurzelt sich bei jedem neuen Schritt. Er hat seinen Platz immer dort, wo er sich gerade befindet. Er frischt die Liebe auf, indem er sich bewegt.

Nimm die Welt an, wie sie wirklich ist, und nicht, wie sie sich darstellt.

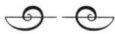

Sich selbst annehmen und die anderen annehmen, das sind die beiden Seiten derselben Münze – derselbe Reichtum.

Sich von der Welt loslösen heißt nicht sich verschanzen, sich eingraben. Die Loslösung verlangt vielmehr, daß man stets für die Welt präsent ist, eine immer größere Nähe zu den anderen entwickelt, absichtslos, freigebig.

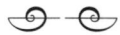

Loslassen bedeutet nicht vergessen, sondern präsent machen, ohne Bindung, ohne Festhalten. Es ist ein Akt der Befreiung. Man löst die Bande, und die Welt, die uns umgibt, wird nicht mehr durch unsere Obsessionen, unsere Wahnvorstellungen verzerrt. Sie wird wieder frei.

Sich hingeben bedeutet sich befreien.

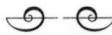

Die Entspannung ist einer der ersten Schritte der Hingabe. Der Körper kämpft nicht mehr gegen die Anziehungskraft der Erde an. Er überläßt sich der Schwerkraft, wie es alle Gestirne und alle Himmelskörper tun.

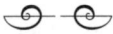

Sich entspannen heißt nicht, daß man sich ausruht, sich vom Trubel und Lärm der Welt isoliert, sondern daß man die Welt annimmt, sich darauf vorbereitet, sie zu empfangen.

Du lernst, die Anspannung der Nerven zu lösen, die Atmung und den Herzschlag zu kontrollieren, die Empfindungen vorüberziehen zu lassen, ohne sie festhalten zu wollen. Schule dich in der Hingabe des Körpers und des Geistes, wenn du die Welt gewinnen willst. Du gewinnst nur, was du zu verlieren bereit bist.

Zu bestimmten Gelegenheiten schenkt sich uns das Leben als Überraschung, um uns in Erstaunen zu versetzen. Es tritt manchmal da in Erscheinung, wo du es nicht erwartest, bei einem Fremden oder bei deinem Feind. Auf diese Weise teilt sich die Große Güte mit, die höchste Quelle des Universums.

Wer losläßt, der verzichtet nicht. Er nimmt an. Die Hingabe ist kein egoistischer Reflex, sondern ein Geschenk der Liebe. Sie gestattet uns, wieder zu den anderen zu finden, authentisch, jenseits aller Maskeraden, Vorspiegelungen und Illusionen.

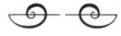

Das Annehmen birgt ein viel größeres Risiko als die einfache Tatsache des Liebens. Wer sich hingibt, dem ist es nicht genug, nur zu lieben. Er macht sich selbst das Geschenk des Wagemuts, er läßt sich auf ein großes Abenteuer ein.

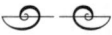

Lerne aufzugeben, was dich behindert und dir im Weg steht, damit du die anderen besser empfangen kannst. Beseitige alles, was sich sträubt, was sich schützen, was sich abschließen will – alles, was verletzen und die Begegnung mit anderen stören kann.

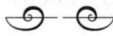

Du sollst dein Leben nicht ertragen, sondern es tragen. Nur die Liebe ist fähig zu einem solchen Wunder.

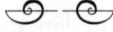

Sich der Welt hingeben erfordert höchste Wachheit, den Blick des Adlers, der in der Leere schwebt. Wer stets hellwach ist, der fällt nicht mehr.

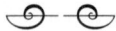

Man gibt sich nicht hin, um sich von der Welt abzuschotten, sondern um Freude zu empfangen – mitten in der Welt. Sobald du das Unnötige verlierst, findest du das Wesentliche wieder.

Ruhen und Träumen

Wer über sich selbst hinausgehen will, muß in sich selbst hinabsteigen.

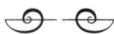

Wenn dein Geist sich in sich selbst zurückzieht, so bedeutet das nicht, daß er sich den anderen entzieht, sondern daß er sie mit der Selbstbesinnung vertraut machen will. »Nach innen gehen« heißt nicht fliehen oder im Stich lassen, sondern sich in die Lage versetzen, besser im Äußeren handeln zu können. Willst du effektiv handeln, solltest du tief meditieren.

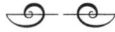

Sich ausruhen heißt nicht schlaff und unaufmerksam werden. Lerne aufzutanken, wenn du ruhst. Das erreichst du durch eine völlige Entspannung des Körpers bei gleichzeitiger Gelassenheit des Geistes, ohne Gedanken, ohne Bilder.

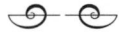

Verwechsle nicht das Ruhen, das eine hellwache Entspannung des Körpers ist, mit dem Schlaf, der ein tatsächlicher Übergang in eine andere Welt ist. Benutze den Schlaf, um dich selbst besser kennenzulernen, und das Ruhen, um neue Kräfte zu sammeln. Beide gehören zu den Waffen des spirituellen Kriegers.

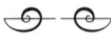

Das Ruhen ist eine Bereitstellung ungenutzter Kräfte.

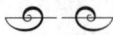

Ruhen heißt in sich selbst hinabsteigen, den Ort finden, wo alle Spannungen verschwinden. Lerne, deinen Körper zu entspannen, indem du ruhig atmest und den Geist nach innen wendest.

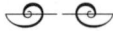

Im Ruhen kann man sich von den Dingen loslösen. Es ist, als triebest du an einem schönen Sommertag auf der Mitte eines Sees.

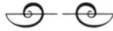

Das Ruhen bringt uns in stille Übereinstimmung mit uns selbst. Wir lauschen auf unser Leben, ganz tief da drinnen.

Das Ruhen ist ein belebender Quell der Frische, der den kranken Geist erquickt und heilt. Zehn Minuten tiefe Ruhe pro Tag sind genug für einen unter Zeitdruck stehenden Menschen. Ohne diese regelmäßig wiederholte Übung des Ruhens wird er sich am Ende zersplittern und sich verlieren.

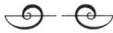

Wirkliches Ruhen erfordert eine bestimmte Geisteshaltung. Man muß sich nicht unbedingt auf einem Bett ausstrecken, um den Körper zu entspannen. Du kannst die Erfahrung der Ruhe auch im Sitzen oder Stehen machen. Du mußt dich nur von der äußeren Welt lösen, deine Aufmerksamkeit ganz auf dich selbst richten – in tiefer Konzentration auf die Leere und Stille im Inneren deiner selbst.

Nach jeder Aktion solltest du in dich selbst zurückkehren, um dort neue Kräfte zu sammeln.

Der Schlaf ist nichts anderes als die dunkle und aktive Seite der Ruhe. Der bewußte Geist hat keine Kontrolle mehr. Wünsche und Leidenschaften tummeln sich dort frei, wie die Gestalten eines Films. Vergiß nicht, daß du auf andere Ebenen der Wirklichkeit absteigst, wenn du einschläfst. Der Schlaf ist einer der Schlüssel zur Meisterung unserer selbst. Nutze ihn wie einen Yoga.

Der Schlaf ist die andere Hälfte deines Lebens; vernachlässige sie nicht!

Willst du dein Leben selbst in die Hand nehmen, dann lerne deine Träume zu meistern. Jede Nacht senden sie dir Botschaften, verfolgen dich, bringen dich in vertrackte Situationen. Mach es dir zur Gewohnheit, die Träume aufzuschreiben, sobald du erwachst, als führtest du ein Logbuch. Begib dich in den Schlaf mit dem Geist des Seefahrers, des Entdeckers. Oft werden Träume dir die Antworten geben, die du suchst.

Träumst du von einem Freund, dann kommt er mit *deinen* Wünschen und *deinen* Ängsten zu dir. Du bist es, der ihn in deinem Traum kostümiert und in Szene setzt. Du bist der Schöpfer einer Phantasiewelt. Du selbst kannst sie auseinandernehmen und nach deinem Belieben wieder zusammensetzen. Die Träume lehren uns die Macht des Geistes, die in uns steckt. Nutze deine Träume, um deinen ureigenen Geist wiederzufinden, der deine innere Göttlichkeit ist.

Wenn du dir beim Träumen bewußt bist, daß du träumst, erlaubt dir das, auf die Ereignisse des alltäglichen Lebens einzuwirken.

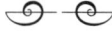

Du kannst deine Träume lenken und sie sogar auswählen, indem du vor dem Einschlafen über sie meditierst und sie dir bewußtmachst.

Lerne, von deinen Freunden und deinen Lieben zu träumen. Die Träume verstärken die Verbindung mit ihnen.

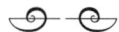

Reinige dich, bevor du einschläfst, indem du ein Bad nimmst, Stille um dich herum schaffst und gute Gedanken wählst. Dann wird dein Schlaf von Licht durchdrungen sein.

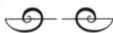

Träume sind Informationen: Visionen, Bruchstücke von anderen Welten, Galaxien, ein Hineinrutschen in andere Universen, andere Zivilisationen. Die Landschaften und Handlungen in einem Traum sind ganz wirklich. Während des Traums existiert der Schlafende nicht mehr. Er ist verschwunden – oder vielmehr, er schaut von der anderen Seite aus zu. Er schaut, er lauscht, er spricht, er handelt.

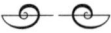

Du weißt niemals im voraus, in welchen Raum des Traums du hinabsteigen wirst. Lerne, im Traum den Ort zu wechseln.

Während der Dauer eines Traums sind die Entfernungen aufgehoben, ausgeschaltet, und die Zeit ist eine andere. Du dringst in ein anderes Universum ein.

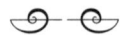

Betrachte den Traum als eine andere Raumzeit, in der Vergangenheit und Gegenwart zusammenkommen. Der Traum ist außerhalb der Zeit angesiedelt, er bringt Wirklichkeiten zum Ausdruck, zu denen du sonst keinen Zugang hast. Lerne, sie zu übersetzen.

Im Traum spricht dein eigener Geist zu dir. Er wendet sich an dich und will verstanden werden. Mißachte ihn nicht – antworte ihm!

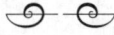

Lerne in deinen Träumen, während des Schlafens zu meditieren. Es genügt, beim Einschlafen eine Form, einen Ort, eine Person oder eine Gottheit zu visualisieren, um sie dann im Traum wiederzufinden.

Der Traum kann vor einer Gefahr warnen oder eine Botschaft übermitteln. Die Schutzgottheiten nutzen den Raum des Traums, um mit dir zu kommunizieren. Der Traum ist auch ein Spiegel, in dem du dich betrachten kannst, um deine Fehler zu korrigieren. Er zeigt dir, was du bist – oder was du sein solltest. Es gibt verschiedene Arten von Träumen – lerne sie zu unterscheiden.

Die Freude und das Teilen

Die Mittagssonne in all ihrer Freude und Herrlichkeit scheint für jedermann. Sie teilt ihren Reichtum mit königlicher Freigebigkeit aus. Halte dich auf dem Zenit deines Lebens, und du wirst unerschöpflich sein, für dich und für die anderen.

Teilen heißt die Chancen des Glücks vervielfältigen.

Die Freude ist keine heftige Leidenschaft des Menschen, die sich für kurze Zeit einstellt und schnell wieder in sich zusammenfällt. Sie ist vielmehr die dem Menschen innewohnende Weisheit, das Licht des Herzens, sein Funkeln im Alltag.

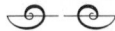

Schätze den Humor nicht gering. Er erfrischt und verhindert das Ausdörren des Körpers und des Herzens. Ohne Humor trägt das Glück keine Früchte. Es ist dann wie ein Baum ohne Vögel, der dem Winter entgegensieht.

Wenn man sie teilt, dann nimmt die Freude niemals ab. Sie erneuert sich ständig im anderen.

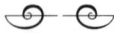

Die Freude ist ein Quell ewiger Jugend.

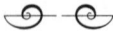

Wenn du dein Glück nur für dich selbst behältst, dann wird es dich schließlich ersticken. Teile es anderen mit, denen, die du liebst, die dir nahestehen, und du wirst es aufblühen sehen.

Das Leben verschafft sich Geltung durch eine andauernde Freude, die – in ein und derselben Freiheit – Gegner miteinander versöhnt, Liebende und Freunde einander näherbringt. Die Freude ist ein Zustand des völligen Annehmens, des Loslassens von sich selbst und der Hingabe an andere. Man fühlt sich urplötzlich völlig ausgefüllt, über seine üblichen menschlichen Begrenztheiten hinaus.

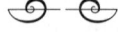

Wende deinen Blick der natürlichen Einfachheit der Welt zu: dem Himmel, dem Sonnenlicht, den Bäumen, den Blumen und dem Lachen der Kinder. Entrümpele dich! Werde wieder leicht und licht wie der Gebirgshimmel.

Willst du glücklich sein, mußt du dich von aller Arroganz und Lieblosigkeit befreien. Ziehe dich nicht zurück, nähre nicht deinen Egoismus, sondern gehe den anderen mit offenen Armen entgegen.

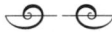

Das Teilen spaltet nicht. Im Gegenteil, es führt wieder zusammen, was getrennt, aufgespalten war. Man geht aus sich heraus, um auf andere zuzugehen, voll guten Willens, Freude und Bescheidenheit. Finde zurück zu dieser freudigen Demut, die getragen wird von dem Wunsch, der Welt zu dienen. Du selbst bist es, der beim Teilen etwas empfängt, deine tiefe Wirklichkeit, in Übereinstimmung mit der harmonischen Wirklichkeit des Universums.

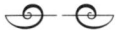

Willst du die Freude kennenlernen, dann hänge nicht an den Resultaten, aber beschneide niemals deine Wünsche.

Eine Liebe, die an der Oberfläche der Dinge stehenbleibt, ist dazu verdammt zu verkümmern, zu sterben. Sie gleicht einem Baum ohne Wurzeln, der für die Axt des Holzfällers bestimmt ist.

Habe Freude am Leben, und das Leben wird sich deiner annehmen.

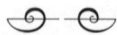

Wie könnte man etwas geben, was man selbst nicht besitzt? Lerne, dich selbst zu lieben, wenn du das Universum in den Augen der anderen leuchten sehen willst.

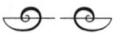

Geben und Empfangen kommen aus dem Herzen und kehren freiwillig dorthin zurück. Die Freude findet sich dort, wo du bist. Man findet sie niemals außerhalb von sich selbst. Es gibt nur einen einzigen Ort, der zugleich die Quelle der Gesundheit, der Fülle und des Erstaunens ist, und dieser Ort ist in dir.

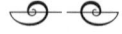

Lerne, diejenigen zu lieben, die dir nicht ähnlich sind, die anders erscheinen, deiner eigenen Kultur und deiner eigenen Geschichte fremd. Sie sind die anderen Spiegel deiner Selbst. Ohne sie hast du nur ein unvollständiges Bild vom Glück, hast du dich nicht wirklich mit dir selbst versöhnt.

Meide Streitigkeiten und Konflikte, die das Herz trüben. Sie bereiten den Boden für Leiden und Einsamkeit.

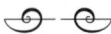

Kultiviere in deinem Inneren den Wunsch, glücklich zu sein, ungeachtet deines Zögerns und aller Hindernisse. Entziehe dich nicht der Auseinandersetzung mit dir selbst. Du mußt lernen, deine Launen und deine Leidenschaften zu zähmen, wenn du glücklich sein willst.

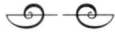

In dem Augenblick, wo die Sonne untergeht, entzündet sich das Leben im Inneren. Maße dir kein Urteil darüber an, wer glücklich oder unglücklich, leuchtend oder dunkel ist. Du mußt diese absurden Unterscheidungen zum Schweigen bringen und zur Einheit des Herzens zurückfinden, der freudigen Fülle. Entzünde in dir eine Sonne, die niemals verlöscht.

Klares Licht,
sei gepriesen für das unendliche Universum unserer selbst,
unserer Wirklichkeit,
unseres höchsten Bewußtseins.
Du unglaublich wahres Licht,
heute
BEGINNT ALLES.

Möge dieser Segen sich verbreiten.

Bildnachweis

Die Fotos stammen von: Margret Uhrmeister (S. 12, 32, 58, 68, 78, 90, 108, 122, 134, 142); Peter Hinreiner (S. 6, 22, 40, 50, 100, 150).